Régis Debray

Manifestes médiologiques

当代学术棱镜译丛·媒介文化系列
丛书主编 张一兵 副主编 周宪 周晓虹

媒介学宣言

［法］雷吉斯·德布雷 著 黄春柳 译

南京大学出版社

这儿有大大的画布,

把金色的图案画上去吧。

——维克多·雨果

《当代学术棱镜译丛》总序

自晚清曾文正创制造局,开译介西学著作风气以来,西学翻译蔚为大观。百多年前,梁启超奋力呼吁:"国家欲自强,以多译西书为本;学子欲自立,以多读西书为功。"时至今日,此种激进吁求已不再迫切,但他所言西学著述"今之所译,直九牛之一毛耳",却仍是事实。世纪之交,面对现代化的宏业,有选择地译介国外学术著作,更是学界和出版界不可推诿的任务。基于这一认识,我们隆重推出《当代学术棱镜译丛》,在林林总总的国外学术书中遴选有价值篇什翻译出版。

王国维直言:"中西二学,盛则俱盛,衰则俱衰,风气既开,互相推助。"所言极是!今日之中国已迥异于一个世纪以前,文化间交往日趋频繁,"风气既开"无须赘言,中外学术"互相推助"更是不争的事实。当今世界,知识更新愈加迅猛,文化交往愈加深广。全球化和本土化两极互动,构成了这个时代的文化动脉。一方面,经济的全球化加速了文化上的交往互动;另一方面,文化的民族自觉日益高涨。于是,学术的本土化迫在眉睫。虽说"学问之事,本无中西"(王国维语),但"我们"与"他者"的身份及其知识政治却不容回避。但学术的本土化绝非闭关自守,不但知己,亦要知彼。这套丛书的立意正在这里。

"棱镜"本是物理学上的术语,意指复合光透过"棱镜"便分解成光谱。丛书所以取名《当代学术棱镜译丛》,意在透过所选篇什,折射出国外知识界的历史面貌和当代进展,并反映出选编者的理解和匠心,进而实现"他山之石,可以攻玉"的目标。

本丛书所选书目大抵有两个中心:其一,选目集中在国外学术界新近的发展,尽力揭橥域外学术20世纪90年代以来的最新趋向和热点问题;其二,不忘拾遗补缺,将一些重要的尚未译成中文的国外学术著述囊括其内。

众人拾柴火焰高。译介学术是一项崇高而又艰苦的事业,我们真诚地希望更多有识之士参与这项事业,使之为中国的现代化和学术本土化作出贡献。

丛书编委会
2000年秋于南京大学

目　录

一　媒介学

3 / Ⅰ **身份证**

3 / 1. 回顾

6 / 2. 审查

11 / 3. 初步的定义

20 / 4. 变量与不变量

25 / 5. 什么是媒体界？

38 / Ⅱ **新的转折点？**

38 / 1. 巨大的误会

46 / 2. 媒介学时代

48 / 3. 回首一瞥

54 / 4. 智力戏法

58 / 5. 几种缺陷

61 / 6. 阐释与组织：人各有志

65 / 7. "媒介即讯息"：批评之批评

70 / 8. 形态的力量

75 / Ⅲ **哲学经历**

76 / 1. "为何我们仍是信徒"

82 / 2. 虚假的出口:历史唯物主义

90 / 3. 几处隐秘的源泉

95 / 4. 一条平凡的道路

100 / Ⅳ 文化生态

100 / 1. 弥补差距

104 / 2. 媒介伦理

108 / 3. 为技术正名

113 / 4. 伦理压力

二 捍卫影像

122 / Ⅰ 邻居与债主

126 / Ⅱ 从本质到效用

132 / Ⅲ 影像不是语言

142 / Ⅳ 宗教唯物主义

附录

153 / 媒介学图表

160 / 词汇

一

媒介学

本文为申请博士生导师资格而撰,于1994年1月8日在索邦大学（巴黎一大）答辩。答辩委员会成员为：达尼埃尔·布纽①先生、贝尔纳·布儒瓦②先生（兼委员会主席）、罗杰·夏蒂埃③先生、弗朗索瓦·达戈涅④先生（评审人）、雅克·勒高夫⑤先生以及米歇尔·塞尔⑥先生。

---

　　① 达尼埃尔·布纽(Daniel Bougnoux,1943—)，法国格勒诺布尔司汤达大学哲学教授，著有若干传播学著作，是阿拉贡作品的研究专家。(本书未标明"原注"的注释皆为译注。)

　　② 贝尔纳·布儒瓦(Bernard Bourgeois,1929—)，法国哲学家，主要研究德国现代哲学史。

　　③ 罗杰·夏蒂埃(Roger Chartier,1945—)，法国历史学家，主要研究书籍史、出版史与阅读史，著作有《法国大革命的文化起源》(Les origines culturelles de La Révolution française)。

　　④ 弗朗索瓦·达戈涅(François Dagognet,1924—)，法国哲学家，有多部关于认识论、伦理学、美学及现代艺术的著作。

　　⑤ 雅克·勒高夫(Jacques Le Goff,1924—2014)，法国历史学家，主要从事西方中世纪史研究。

　　⑥ 米歇尔·塞尔(Michel Serres,1930—)，法国哲学家、科学史家、文学家。

I 身份证

在解释"媒介学"这个模棱两可的新词之前,请允许我简要地追溯一下,是什么样的道路把我引向了这一课题。

1. 回顾

这是一条交叉的道路,它从当代**介质**(médiateur)——以现代法国知识分子的面貌出现——出发(见《法国的知识力量》[*Le Pouvoir intellectuel en France*]1979;《誊写者》[*Le Scribe*]1980),进而上升到具有逻辑必要性、永不过时的**媒介行为**(médiation)(见《政治理性批评或宗教的无意识》[*Critique de la Raison politique ou l'inconscient religieux*]1981),最后回落到**媒体**(médias)或说当代影响大众的手段(见《普通媒介学教程》[*Cours de médiologie générale*]1991;《目光的历史》[*Histoire du regard*]1992;《诱惑之国》[*L'État séducteur*]1993)。

我的本意是挖掘**"意识形态"**这个大家再熟悉不过的术语。虽然受过马克思主义的深刻影响,我依然认为,只有摆脱**认识**(épistémè)的语义学范畴,并以**实践**(praxis)的语义学范畴为中心,才能弄清"意识形态"一词的含义。因此,我们不应把这个让人上当的词语理解为**知识的对立面**——"意识形态是一种幻象或反射","意识形态是真实的惊人倒置","意识形态是一种虚假的意识",诸如此类的观点——而是应当理解为一种**组织手段**,一种让人进入某一团体的手段。之前所谓的"意识形态问题"——今天我们称之为"符号问题"或"文化问题"——深刻影响着社会各界。因此,这些问题并不轻浮,也不晦涩,它们很沉重,很严肃,而且是"器质性"的问题。从这个角度来讲,用一个老套的说法,宗教不再是"人民的鸦片",而是弱者的维生素。

其次,我认为这些组织手段从古至今都存在着一个重复出现的主轴。幸运的是,这个主轴的形式经常发生变化;不幸的是,它的宗旨始终如一,那就是"空虚原理"。在我看来,"集体生活"这个宗教性词语就是在这样的原理中形成的。

让我来总结一下这种受格德尔①启发而产生的逻辑机制:任何一个关系整体都与自身无关,否则它就不是一个整体。一系统仅仅借助该系统的内在组成元素是不可能成形的。因此,一个场域(champ)的闭合只能在矛盾中,通过该场域之外的某个元素的开放而进行。这个外在的元素可以是某个创业的英雄,某个关于万物之源的神话,一部圣经,一部宪法或一纸遗言——它将始终是该团体膜拜的圣物、支点和老巢。总之,这个外在的部分是该团体一开始失去的东西,是它不得不一直象征性地重新赋予自身的东西,唯其如此,它才能重组为一个团体。

这是构建稳定社会团体的一个不变量,与此同时,人与人之间也总会有一种微不足道、无法捉摸和永不磨灭的东西需要传输。既然没有任何一块领土是横向闭合的,那么,只有在人类群体界限分明或实际存在的情况下,造神的机器才会停止运作。媒介工作永无止境。哪怕是最小的有组织的团体,也需要一个介质群或教士群将该团体与某种卓越的价值观相连,进而赋予它结构的紧密性和生存的活力。

---

① 库尔特·格德尔(Kurt Gödel, 1906—1978),奥地利数学家、逻辑学家、哲学家。

在此我提及这本宗教人类学著作(《政治理性批评或宗教的无意识》),并非因为它属于媒介学这一体系,而是因为它是媒介学的基础。当然,这是我的一家之见。事物**内部**不断更新的部分由同一个**元**功能所激发。因为关于万物之源的逻辑解释具有超验性,所以才有解释者的存在。在纯粹的内在中,人们不需要信使。我们的种种宗教之所以求助于天使,是因为上帝的缺席。

如果说我姑且已把**为什么**解释清楚(有符号在流通),那么剩下的就只有**如何**(一个抽象的符号可以产生具体的效果)这个问题了。这个被证实了的常数,也就是我们所知的"符号的效力",需要一套特殊的概念体系来支撑。我在1979年出版了《法国的知识力量》,在此书卷首,我就已把上述的概念体系称为"媒介学"。

不过,这里我写的是一篇论文。好吧,那我的根本论点是什么?

根本论点就在于:用一个词替换另一个词,用"媒介行为"替换"传播"(communication)。您也许会说,花了十五年的时间就研究出这个名堂,未免太单薄了一点。但是,从传播哲学过渡到媒介哲学,等于把元素完全换掉了。"介质代替信使",这不就是天主教改革的公式吗?墨丘利①的雕像在受刑的耶稣面前被摔成碎片,这是我在米歇尔·塞尔的引导下发现的一幅壁画。这幅画名叫《天主教的胜利》(Le Triomphe du christianisme),出自洛雷第·托马索(Lauretti Tommaso)之手,夹杂在梵蒂冈众多拉斐尔宗教画的中间。这也是一幅关于赫尔墨斯的画。圣言若不化为血肉之躯就无法传播,而血肉之躯并不仅仅是爱和光荣,也是血与汗。传输(transmission)永远不会如天使般高尚纯洁,因为传输就等于化身。耶稣没有翅膀,不能从十字架上飞下来,而作为圣言信使的天使,其身体又过于纤细,也不能解决问题。传播是流畅的,媒介则是沉重的。信使能飞越空间,介质却被时间和古罗马下级军官手中的矛所射穿。因此,以天主教的创始神话为纵轴的理性媒

---

① 罗马神话中为众神传输信息的信使,在希腊神话中被称为赫尔墨斯。

介学具有双重的悲剧性：一方面，理性媒介学说出了所有有效的讯息（message）传播所包含的痛苦、不幸和排斥；另一方面，它研究的是讯息传播的障碍或恶果：好的信使应该消失在自己的口信之后，比如报喜天神①，一出现便晕倒在地。可真实历史上的介质却是走在自己所传播的讯息之前，走在同时起连接和堵塞作用的渠道之前（圣保罗/耶稣，列宁/马克思，拉康/弗洛伊德，等等）。媒介成了权威。媒介决定讯息的性质，社会关系超越了人的本身。换言之，是团体在思考，而不是灵魂在思考。强制入团导致了团体的产生，它们就是被称为学校、教会、党派、协会、思想界等的介质群和知识机构。它们符合规范，同时又起到规范的作用。

2. 审查

要是有什么学科检查处要求"媒介学"这个略有可疑的新词用一句话亮出自己的身份（就像那些在地铁里出示证件的乘客一样），那么，对于"那边那个，你干嘛的？"这个问题，媒介学会回答说："虽然我有着这样一个名字，但是我干的并不是媒体这一行。我研究的是符号。"——"语言学研究符号已经很久了"，出入境的警官会如此反驳。——"不错，不过我说的是广义上的'符号'，这种符号不仅仅具有被语言学家所认可的特征即随意性、可区分性、线性和隐蔽性。我研究的是所有想表达某种意义、能让人感知的痕迹（trace）。"——"这事儿归符号学管。"——"确实有其他人在研究**符号的意义**。而我感兴趣的，是**符号的力量**。这是两码事。"——"实用传播学也在思考这个问题。"——"也许

---

① 向玛利亚预报耶稣降生的天使加百利。

吧,不过帕洛阿尔托学派①以及语言行为专家关注的是两位或多位对话者在进行口头交流时会发生些什么。而我所放眼的是超越了话语关系和主体间亲密交流之外的领域,类似于一种以漫长而沉重的群体生活历史为背景的实用思想学。仅仅借助话语是不可能影响他人的。讯息的传播也需要手势、图形和影像,需要一整套的符号档案。"——"简单明了地来说,您研究的东西属于思想史。思想史由来已久,而您想做的是给它披上一层外衣,让它符合现代人的口味,赶上'传播学'的潮流……"——"不,不完全是这样。严格说来,传播学所研究的主题与我无关。我坚决无视'思想'的含义,更何况我已揭发'意识形态'一词的荒谬。我只想关注意义的具体痕迹。这就把思想史完全颠倒了过来。"这些从闯关者口中吐出的否认之辞使情形变得更加糟糕,很有可能会导致他被押解到大学之外的地方。

我们在摆脱某些概念的时候却不得不先要使用它们,因为大家已经认可了这样的标记,总归要让别人明白我们在说些什么。这种情形总是显得有点忘恩负义。上面的开场白不可避免地以否定句的形式出现,逼着我们对界限进行吹毛求疵的划分。迄今为止,这些界限还一直隐藏在连续的镜面之下,人们也安之若素。对所有的相关专业而言,这项工作令人恼火。既然我们的目标是**使符号具有效力的途径与工具**,那我们的研究势必要接触到某些庄严的学科。幸运的是,这些学科也为我们提供各方面的信息(information)与建议。例如,为了研究影像的功能,我们不可避免地参考了**艺术史和科技史**——然而这种参考又不能完全满足我们的要求。同理,为了研究社会思想的影响,人们常常会结合从韦伯到布尔迪厄的一整套社会学,以及乔治·迪比②和雅克·

---

① 帕洛阿尔托学派(École de Palo Alto),始于 20 世纪 50 年代,以美国加利福尼亚州的帕洛阿尔托市为名,主要研究社会心理学和信息传播学,对传播学的发展产生了深刻的影响。

② 乔治·迪比(Georges Duby,1919—1996),法国历史学家,主要从事中世纪史研究。

勒高夫的**社会思想史**，或著名学者让-皮埃尔·韦尔南①有关希腊的**心理史**，或皮埃尔·诺拉②研究记忆之集体作用的**符号史**，又或是罗杰·夏蒂埃、让-克洛德·施密特③、保罗·祖姆托④和许多其他学者正在革新的**文化史**。我在这里引用历史的军火库，从中取出许多武器和炮弹。但是，我的目的是要把它们用于一种完全不同的研究战略，如果可以这样说的话。不管怎样，我的研究相对古老的思想史而言具有颠覆性，因为我要逆流而行，把关心源头变成关心出海口。我要研究的不是"是什么造成了这种思想（pensée）的产生？"，而是"这种思想到底产生了什么？"，是"在集体的思想领域和权力机构中，这种新的思想改变了些什么？"。描述哲学怎样发展成非哲学，道德怎样发展成非道德，话语（discours）怎样发展成非话语，这使我们必须适应一些更加阴暗琐碎的信息移动、传播和宣传现象，而不是去适应字面意思上的讯息本身，也不是隐藏在这种或那种陈述之下的知识体系。因此，我们研究的并不是话语的产生、结构和内容，而是位于下方的话语的作用。因为我们要做的不再是辨认符号世界，而是辨认符号如何变成世界，预言者的一句话如何变成教会，一场研讨会如何变成一个学派，一份宣言如何变成一个党派，一张海报如何变成一场改革，启蒙运动如何变成一次革命，还有当代的种种轶事，比如奥逊·威尔斯⑤的一次广播节目如何在美国造成了全民恐慌，或者法国电视台的一个慈善节目如何变成一场大米的洗劫运动。一言以蔽之，我们要辨认的是，象征符号如何变成物质

---

① 让-皮埃尔·韦尔南（Jean-pierre Vernant, 1914—2007），法国历史学家、人类学家，主要从事古希腊与希腊神话研究。
② 皮埃尔·诺拉（Pierre Nora, 1931—　），法国历史学家，法兰西学院院士。
③ 让-克洛德·施密特（Jean-Claude Schmitt, 1946—　），法国历史学家，主要从事中世纪历史的研究。
④ 保罗·祖姆托（Paul Zumthor, 1915—1995），瑞士哲学家、小说家，主要从事中世纪诗学研究。
⑤ 奥逊·威尔斯（Orson Welles, 1915—1985），美国演员、导演、编剧、制片人。他亲自创作了广播剧《火星人入侵》，在广播中对千百万听众宣布火星人的入侵并配以背景声效，令许多听众误认为真，在美国各城市造成多处恐慌。

力量。

我并不想把确实(certum)与真理(verum)之间的传统对立奉为至理,但是,我能力上的不足和自身走过的道路让我个人停留在对前者的研究之中:它是关于神话、信仰和教义的一个领域,一个世纪以来,它被"意识形态"这个如此虚伪的词语给吞并了。人们习惯了**主义**的世界,习惯了把一些事物集体划分至某个创始性专有名词的名下(比如柏拉图主义、基督教、马克思主义、拉康主义,等等)。在主义的世界中,符号的力量通过具体的权力形式而实现。但是,与**学**的世界相比(数学、物理学,等等),**主义**的世界并不在同一个时空中发展,其有效性也并不遵循同样的规则。皮埃尔·莱维①探索的是"知识科技";布鲁诺·拉图尔②以及矿业大学的创新社会学研究者们极好地解构了"行动中的科学"。比起这两种研究,用于制造信仰和整体人(être-ensemble)的技术为我们开创了一个更加广阔也更难掌握的领域,因为它意味着从政治、修辞和产业的角度与真实进行繁重的斡旋。虽然信仰的效力十分严密,其因果性也在逐渐模糊,但是,也许正是因为信仰更容易接近,正是因为信仰隐藏在人们对它的司空见惯和貌似透明的控制之后,所以它更加难以掌握。也许正是出于这个原因,我们对影响与控制机制的了解才会晚于对实验真理或可造假真理之生产的认知。相对已经明确目标和方法的认识论而言,对"赞美诗"的研究——或者说对"不知之知"的研究——还处于起步阶段。实证与入教、人造与自发这两类领域之间并没有长城阻隔,但是,我们对集体想象所包含的机制与网络的认识,要落后于对科学的认识。仿佛是这样一种情况:尽管信念不坚定,或者说,正是因为信念的不坚定,它才会比实证工作产生的确实结果更加难以理解。仿佛比起实验室紧闭的大门来,画室、印刷作坊、电子工作室

---

① 皮埃尔·莱维(Pierre Levy,1956—),法国哲学家,主要研究计算机对社会的影响。
② 布鲁诺·拉图尔(Bruno Latour,1947—),法国社会学家、人类学家,哲学家,主要从事科学社会学的研究。

的那些自动门更加拒人千里。政治幻觉还是一个谜，视力的生理机制却不再是谜。比起统计意见调查，在计算某一星系中的活动物质团之时，我们更清楚地知道自己在测量些什么，而"测量"又意味着什么。同理，比起电视这个如今政客们天天都要使用和操心的工具，我们对于电脑这个如今学者们所用的日常工具知道得更多。另外，这两类对象和主体之间的对话少得可怜。

★

不知是否有必要重申：人文科学已经广泛地研究过上千种有效符号出现的情况，只要这些符号与代表哺乳动物的智人（Homo sapiens）和会说话的人（Homo loquens）有关。通过萨满在自己部落的产妇面前念念有词的例子，人类学已经告诉我们，"口头表达的出现"如何"开启生理过程"（列维·斯特劳斯）。心理分析师证实：**谈话疗法**（[talking-cure]弗洛伊德）在病人身上起到了积极的作用；文化社会学家明确指出，统治者们通过一些简单的行为对被统治者施加象征意义上的暴力，比如说话、举止、划分阶级、站立、看人、吃饭，等等。这些行为具有偶然性，统治者们却视之为理所应当（布尔迪厄）。政治社会学家凭经验就知道，统治等于思想的传播、奴役和反复灌输，因为统治通常并不借助于身体暴力（韦伯）。诗人们和王公们钻研过一样的东西，早在人文科学产生之前，他们就已经多次颂扬过"词语——一种行之有效的力量"（雨果），或"话语的威力"（埃德加·爱伦·坡）。但是，在这些诗人之前，有几个近东的流浪者已经按照自己的形象创造出了上帝。一开始，第一幕第一场，他们就赋予上帝一种神秘因而神圣的能力。上帝能把说变成做："于是就有了光"。陈述＝创造。也许我们已经忘记了《创世记》的内容，但我们知道，当人们不说军号推翻了杰里科的城墙，而是说书籍"打破传统"、"话语震撼世界"、"思想改变事物面貌"之类的话时，大家都知道这指的是耶和华。这些苍白的比喻使言行同生这个谜变得平凡，进而将它遮盖。尽管如此，我们一定要坚定信念，不要认为某些现象的形成是自然而然的。这些现象有：耶稣的话语在某个时候改变了罗马帝国,创造了基督教;乌尔班二世在克勒芒所做的演说吸引了大批朝圣者挤满大街小巷,随后又吸引了整支整支的军队,成为十字军东征的源头;某个德国奥斯定会的修道士在维滕贝格村贴出了整整九十五条拉丁论纲,引发了宗教改革、内战、新的国家、欧洲北部资本主义的飞跃,等等;《共产党宣言》(*Manifeste communiste*)是"共产主义体系"的根源。总而言之,描绘世界不仅可以改变人的世界观,还可以改变世界的状态。我们把世界的状态看作是自然形成的,但要把它变成一个谜却需要花大功夫。人们说,哲学是惊奇之女。要成为一个哲学家,光知道惊奇当然不够,但我所做的各种不同工作都是产生于一种思想上的惊愕。人们老生常谈,把符号向行为过渡这种比意义的产生还要神秘的操作视为平凡之事,这让我感到十分惊愕。某些声音、字母和细微的痕迹进入"黑匣子",出来时却变成了新的法律、体制和警察局。拆开这个"匣子",等于分析被我们称为**传播之事实**的东西,或者为一种状态向另一种状态的转变总结规则(并不是总结气泡如何变成液体,而是演说如何变成军队,难懂的书如何变成党派或国家,"清醒"如何变成"癫痫")。语言与代码在结构上的稳定性是一回事,言语形成事件并进而撼动某一稳定结构,或任何其他符号闯入该结构,这就是另外一回事了。

3. 初步的定义

若是我给出几个初步而粗略的定义,你们也许就更容易对我的陈述提出批评。我称之为"媒介学"的学科,它的研究对象是与传播的技术结构息息相关而又较之高级的社会功能。我所说的"媒介学方法",是用具体问题具体分析的态度,在某一人群的符号活动(宗教、意识形态、文学、艺术等)、组织形式与记忆的输入、归档和流通模式之间建立相应的关系——如果这些关系能被核实的话。我的研究假定:最后一层对前面两层起到了决定性影响。解释一个千兆时代的社会的符号生产,不能脱离该时代所使用的记忆技术。也就是说,思想的活力不能脱离有形的痕迹。

讯息的发送工具是我们要走的必经之路,它为我们的分析提供了一个重大又有限的元素。麦克卢汉①意义上的媒介不过是底楼,我们还得往上爬。

确实,对象和成果并没有操作过程那么重要。当心,不要掉进实体论的陷阱,把作为设备(dispositif)的**媒介**纳入作为布局(disposition)的**媒介行为**。或者把某些文化名词(书籍、影像)纳入相对应的不定式(**阅读、观看**),尤其不能把它们纳入此类行为的变奏(阅读和观看的**方式**、社会环境、阅读与观看的风格)。等级被倒了过来:作为理想单位的文本不如作为客体的书籍那么贴切,而客体也没有自身的隐喻那么贴切。既然我们要研究的是传播的间隙、中间人和中间界面,那我们的领域就是中间阶段,是夹层。但是,"间"这个字指的是一种现实范畴,它永远次要于它所连接的词语,因此,我们更倾向于使用"行动"的"动"这个字,把上述内容叫作技术与文化的**互动**。互动起着决定性的作用,而我们的语言却反其道而行之——它自发地把关系符号放在生存符号之下,把行动放在存在之下。

因此,媒介学家关注媒体,正如普鲁斯特关注玛德莱纳小蛋糕,弗洛伊德关注口误。三者的关注程度不相上下。也就是说关注得很少。打着媒介学之友幌子的"媒体"一词指的是"所有支持信息大规模传播的载体(出版物、广播、电视、电影、广告,等等)"(见《罗贝尔小词典》)。在我们看来,媒体并不能组成一个自主可靠、有可能成为一门具体学科的领域,这并非因为它出于种种原因把一大堆决定性因素搅和在一起(经济、技术、政治、文化、意识形态,等等)——任何传播过程均是如此,

---

① 马歇尔·麦克卢汉(Marshall Mcluhan,1911—1980),20世纪原创媒介理论家,主要著作有《机器新娘》和《理解媒介》等。

而是因为，媒体只不过是一种特别的、膨胀的变量，一个总体的、永久的原则性问题的衍生。亚里士多德关于修辞所做的思考，柏拉图关于写作和诡辩家所做的思考，又或者——举个形象的例子——作为西方第一条"独家新闻"的始作俑者和受害者的那个马拉松长跑者，这些与时兴的大众媒介学并无关系，而是直接进入我们的研究领域。在相当长的一段时间之后，我们才能从时间的深度出发来解读当下的媒体。为了以媒介学家的态度而不是以传播社会学家的态度来看待电视，我们需要把自己变成祖先，在拜占庭圣像、油画、照片和电影的逆光下，以展望的姿态来观察电视。整个过程能让我们理解某一特定的时刻，正如整体能让我们理解局部。

那么，单纯的**媒介**还是不是我们的研究对象呢？不再是。尽管如此，因为符号界的结构由某一主导媒介决定，所以我们不能不正视这个被糟蹋了的词语。我们必须将它复杂化，因为事实证明，人们对它的使用常常带有极大的欺骗性，并且过于简单化。在讯息的传播过程中，**媒介**可以有四种既不自相矛盾也不互相混淆的含义：1) 符号化行为的**普通方法**（言语、书写、模拟图像、数字计算）；2) 传播的社会**编码**（发出口信时所使用的源语言，比如拉丁语、英语或捷克语）；3) 记录和存储的**物质载体**（黏土、莎草纸、羊皮纸、纸、磁带、屏幕）；4) 与某种传播网络相对应的**记录设备**（手抄本、印刷物、相片、电视、电脑）。不如就把浓缩意义上的"媒介"称为**设备-载体-方法系统**，一个从根本上受到媒介学革命震动的系统。一种书写方法要是没有说明自身的载体或网络，就不能具体地指出媒介的本质。在我们看来，以纸张为载体的书写符号与电脑屏幕上的书写符号不是同一个媒介：我们从图文圈（graphosphère）过渡到了视频圈（vidéosphère）。因此，抛开物质载体和传播网络而单单把书面与口语对立起来是极其肤浅的。

媒介学革命既不会从根本上影响现存的语言编码（印刷术没有改变句法和法语词汇），也不废除其他的传播模式（印刷术发明之后的 16 世纪，人们还是用口传道，用手写作）。印刷术没有单独制造出一种新的物质载体:皱巴巴的纸张之前就已存在。印刷术也没有单独制造出一种新的形式:书籍在此之前就已经有几个世纪的资历,而且,正如罗杰·夏蒂埃所言,在谷登堡发明铅活字版印刷术之后的将近一百年里,书籍仍然保持着手抄本的外形。但是,抛开惯性和潜伏期不讲,谷登堡的技术就算不能撼动人们的阅读习惯,也至少应该通过大众扫盲运动而撼动书面语的象征地位和社会影响。是否可以这样说:铅活字需要纸张,但若是没有铅活字,纸张也不会得到蓬勃的发展。铅和纸配成一对才产生活力,但真正从数量和质量上震撼中世纪符号生态的,是最后一刻才发明出来的活版印刷术。对一种全新的、具有"现代性"的人类学结构而言,活版印刷术是它的模板和车头。

任何此类的革命都是由多种因素引起,单单推销媒介自然就是一种顾此失彼的行为。媒介是一个必要条件,但它并不足以以唯一诱因的姿态掀起一场媒介学革命。用布纽的话来说,机器只是程序的一半,另一半在环境那里,而且,因果关系是循环进行的。媒介通过环境来推动某样事物,环境选择是否对媒介发出需求。关于最初的手动印刷机和印刷品之间的关系,也许我们可以借用大卫·兰德斯所说的一句话的格式,这句话是关于机械钟表的:"并不是钟表引起了人们对测量时间的兴趣,而是人们对测量时间的兴趣引导了钟表的发明。"①关于这一点,流行病学和微生物学也可以为我们提供清晰易懂的参考。正如病毒的多变性取决于其依附的体质(在人身上能引起艾滋病的病毒对黑猩猩却完全无碍),媒介效应的多变性取决于社会文化环境的抵制程度(每个人都有一套独特的免疫系统)。同样的一套机器能在某个地方泛滥成灾,在另一个地方却默默无闻。活字印刷术并没有在11世纪的中国土壤上得到蓬勃发展并成为该国的专利,而是于15世纪在世界的另一头重新出现并发展壮大,从使用木版变成了使用铜版。中国的木版

---

① D. Landes, *L'heure qu'il est*, Paris, Gallimard, 1987, p.98. 机械钟表的产生源于修道界在经历过本笃会和西都会的改革之后需要每日准时进行各种宗教仪式。——原注

印刷术足够应付小规模的印刷需求，不需要大量的投资，而且更容易保持与书法之间的血缘关系。公元前12世纪的迈锡尼社会没有使对思想进行线性语音记录这种行为得到"壮大"，而是将该发明局限于皇家内部，只为那帮专事抄写的人所掌握，以达到官僚阶级统治的目的。几个世纪以后，雅典社会接受了它，并把这种宫廷机密归档法变成在广场上颁布律法和公民平等法的工具。因此，某一技术与某一文化之间的因果关系并非自动，亦非单边。我们无法确知，线性书写是否会在某一特定环境中发展出某种类型的行为。相反，我们能确认的是，不懂得这种记忆方法的文化不会有这样那样的行为：它不会懂得对事件进行分类、列表、存栏，等等（也就是不会懂得非矛盾逻辑、线性历史、记忆积累，等等）。可是，生态学不是在很久之前就已经把机械因果关系与综合体系互换了吗？我们知道撒哈拉没有雨，因为不下雨而没有植被。基督教帮助我们的书籍战胜竹简，因为竹简使用起来不方便，不适合用于阅读礼拜仪式，而书籍的胜利又帮助基督教战胜了异教活动。两种现象互为因果。

与造就媒介的载体-设备系统相对应的是大的媒介-环境系统。后者是社会技术的综合体，是以历史为参照的实证媒介学所专门研究的对象。"环境"并不仅仅是背景或流通的外在空间，它通过某种社会组织来影响符号的语义。环境通过自身所承载的"使用逻辑"（雅克·佩里奥[①]）（接收、撤退、敌视、备用，等等）来接收讯息，并为这些讯息制定意义范围。这种"逻辑"并非是一种没有依据的使用编码，或者一种平均散布于某一潜在使用人群中的独立用法。它依附于能力政治地图，与地位和才能的阶级化分配以及不同载体所使用的组织性调控相互依赖。历史上某一传播环境的具体成形是依托某些社会传播装置，在该装置内部完成的。这种空间的建设依靠的是由占有者、担保者、推荐

[①] 雅克·佩里奥（Jacques Perriault, 1938— ），巴黎十大信息与传播科学系教授。

者、联系人等各类人群组成的网络,并以该网络为基础。譬如印刷业:出版商、书商、书贩、教师、图书馆管理员、读者俱乐部的组织人、省级学院的负责人,等等。"他们挑选信息,传播信息,推动信息;他们使信息变得诱人、变得可以消化,他们是造成信息占有和变化的积极因子。"①但是,每一种新的媒介都会改变那个已处于运作状态的网络的操作能力,进而改变该网络的政治影响。一般说来,新媒介都会抢走旧媒介的地位。每一次媒介学革命都会产生自己的"离合器"和"换速挡",某一文化环境的历史可以被解读(并书写)为一部关于短路(court-circuit)的历史,一部关于并列或重叠的传播设备(比如当下的学校、书店、出版物、广播和电视)如何互相竞争的历史。

未来学研究者的错误和未来主义者的失望一般总是源于过高地估计了媒介的作用,因为他们过低地估计了环境的繁重脉络。总的来讲,用途要比工具古老。解释起来很简单,媒介的"新"是相对于环境的"旧"而言的。环境是记忆和叙述组合的层化,是书写着可不断激活的伟绩与传奇的隐迹纸本,是被人翻阅、记录过去所有时代中的载体和符号的目录。我是莎草纸,是羊皮纸,是纸,是电脑屏幕。我是摩西十诫,是弗朗索瓦·维庸②,是列宁,是 Mac 机。我是象形文字和字母表,是文本和超文本,是手稿,是印刷的书页和发光的屏幕。个人和媒体界(Médiasphère)是一样的。具体说来,每一个媒体界都意味着具有各种不同的**媒介空间**。视频圈中的法国是"一个六边形,每个角的角度都是一点半",而且在视频圈中,与法国有关的图像都在以光的速度发展。可是,"空客"(Airbus)和"直播"都没有取消"依马为界"的法国各省(一日之内能骑马穿越的空间)。最新的符号层通过最老的符号层来到我们身边,档案永远在重新书写,以至于前者通过后者、在后者之中产生

---

① Michel de Certeau, Luce Giard, *L'Ordinaire de la communication*, Dalloz, 1983, p. 8. ——原注
② 弗朗索瓦·维庸(François Villon,生于 1431 年,卒不详),法国著名抒情诗人。

效果，从而影响后者。由此产生的后果是，实际使用永远落后于工具的潜能，事件永远落后于期待；日常的实践活动相对迟钝，人们改变工具的用途，绕开工具。任何文化和任何个人在面对自身载体时都不得不在年代上稍加修理，有的时候，这种修理会带来意想不到的惊喜。

总之，在**媒介学**一词中，"媒介"并不指媒体或介质，而是指**媒介行为**，也就是媒介方法的动态整体和介于符号生产与事件生产之间的中间体。这些中间事物类似于布鲁诺·拉图尔所说的"杂交物"，它们是媒介行为，同时又具有社会文化层面的技术性。我们用来研究交叉与混合的工具实在乏善可陈。符号这一建筑分有形（或技术）、语义和政治三个层面，而对符号的研究至今还被分隔成不同的学科：第一层被分配给"科学技术史"，第二层给"文化科学"，第三层给"社会科学"。实践方面也有相同的分割：电缆和"文化设备"，也就是容器，交给技术官员和工程师；信息和意义，也就是内容，交给知识分子和艺术家；最后，用途的监管和好处的获取，也就是结果，交给王公贵族和"决策者"。但是，一个符号的陈述要进入行动阶段——"从处女到新娘"——并不遵循这样的界限。媒介学也一样。媒介学的目标是要跨越这些界限，与机构和条目形成横面。为了想象难以想象之事，每一个理性时代不都是被迫迎接无限的挑战并修补不同的大陆板块吗？我们仿佛是在无意之中分解了技术问题（什么样的机器在此运作？）、语义问题（需要明白什么样的话语？）和政治问题（是什么权力在发挥作用，又是以怎样的方式施加于何人？）。为了寻找**中间有什么事情发生**而不是**后面有什么东西存在**，媒介学家不得不把他的小板凳架在三张椅子上：技术史学家的椅子、语义学家的椅子和社会学家的椅子。这个位置并不舒服，却又无法逃避。无论是在学术界的哪把荣誉交椅上，人们都不会提出符号操作这个全局问题。除了几个特例，哲学一般总是无视技术方式和历史的变化，历史无视人类学不变量以及对这些不变量进行描述的概念，社会学家无视客体和技术，技术学家无视主体和思想状态，符号学家同时无视两者。这就是为何我们认为，在迫于无奈的情况下，要穿越各个领域必然要使用一种不合时宜的研究方法。只有这样,我们才能试着把主体世界与客体系统连接起来。

神经科学正在努力克服大脑与思想之间的割裂。对社会的研究直到昨日还把机器(工具)与精神(文化)相分离。**这里**是技术史,**那里**是"人文科学"。抹布不能和餐巾混起来,要不然会立刻引起自卫式的攻击:"庸俗的唯物主义""天真的简化主义""过时的决定论",等等。但是,我们似乎免不了要把不同的专栏混合在一起,才能抓住政治和知识历史的核心逻辑,抓住某一特定时代的集体态度。人们昨天还在谴责集体态度是"主导意识形态",可今天我们从中看到更多的是"社会思想的结缔组织"(勒高夫)。媒介学的方法或气质在于指出知识生活、物质生活与社会生活之间的**交叉**,并让这些过于沉默的铰链发出吱嘎的声响。我们要做的不是寻找侍女,而是寻找主要人物,那个被从我们的大叙述中驱除的第三者,那个在连接软件和硬件时**不用摆权威架子就具有权威**的人。例如,媒介学所感兴趣的是,在对18世纪法国思想运动进行研究时侧重以下这些地方:俱乐部、沙龙、社团、包厢、阅读室、文协、学派。它们是非正式的中间地带,是起到关键作用的场所,是社会的磁极,是知识的设计中心。那些更加正规的学院和机构就更不用说了。书店将显得比文学更值得关注,聚会的地点比陈词滥调和大思想家这些"思想机构"更值得关注,书贩比作者更值得关注。从这个角度来看,启蒙时代不再是可以为文本分析所理解和还原的一团教条,不再是一个话语或原则组成的整体,而是符号生产—流通—存储体系中的一个变化。也就是人际交往之间组结点和网络的出现,是承载新惯例和新做法的界面的出现,其价值在于成为舆论生产的工具。总之,是通过介质的移动对公众思想的铰链进行重组。决定法国大革命的并不是启蒙时代的思想或主题,而是上述的组织手段(没有这种手段,启蒙思想永远不可能成形)。

在历史学家看来,这表示着回到发送者的时代。因为,除了把此类方法具体地加以实践,思想史还做了别的什么?不就是思想史教会我们寻找大事记中的间隙与残渣吗?不就是它教会我们更加关注日常生活、无意识与集体性、流芳百世的英雄以及社会能见度的顶峰吗?关于中世纪的讲道以及绘画或雕塑形象,雅克·勒高夫这样说:"大众传媒是各种思想最青睐的工具和模板。"关于启蒙思想的传播,罗杰·夏蒂埃如是说:"接受行为总是等同于占有行为,它们把接受到的事物进行转变、重述和升级。"正如今天的神经化学家在面对大学里陈旧的心理学时一样,媒介学新手本来以为自己能对历史起到重要的作用,但他看到以上的表述便知道,自己能够提供给思想史学家的东西其实比社会学家能带给社会史的还要少。新的历史操作制造出某些经验式案例,通过对这些案例进行理论重建,媒介学家至多可以提出一些概念化的宏观模式,如果他们无法提出解释性的宏观模式的话。思想([mentale]来自mens,精神)往高处走,文化的物质性往低处走。把社会的思想工具归诸社会利用时空的工具,这样做的话,我们可以勉强向其他领域靠拢,进而减少争论。同时,把别处归咎于心理生物学载体的所谓"简化性"角色也加到思想状态的媒介学载体之上。把"价值的修正"翻译成"矢量的位移"。如此,对《学术人》(*Homo academicus*)的社会学分析便无法立即给该书安上某些当代哲学所谓的"贵族气质"。这些当代哲学借助的应该是"某某学效应"(语法学、马克思学、考古学、符号学,等等),"以便借用社会科学的方法和科学表象,同时又没有放弃哲学家所占据的特殊地位"①。我们完全没有禁锢于一种以自身为参照的自足世界观,我们最爱做的是跳进历史事物的偶然性之中,并试着从纷纭的事件中提取出几个普遍而必要的结构。因为媒介学家并不像历史学家那样备案,他所期望的是,通过展现血肉之下的骨架——我们称之为"软中之硬"的东西——而达到擦亮他人双眼的目的。

实事求是地讲,与其说媒介学消除了矢量和价值之间的隔膜,不如说它加强了两者之间的交叉。媒介学的目的是为"意识形态"去意识形

---

① Pierre Bourdieu, *Réponses*, Paris, Le Seuil, 1992, p. 131. ——原注

态化,为神圣的事物去神圣化,反过来,它也要使载体精神化,使我们的技术工具心理化,进而使我们的记忆工具思想化,思想工具技术化。

4. 变量与不变量

知识力量、誊写者、圣言、目光、国家——可否斗胆这么说,作为哲学家,所有我写过的书都与历史有关,不管这历史是多么地概念化。对意义的估量可以依照某一编码的稳定规则,以共时性的方式进行,对力量的估量就不行,因为它意味着历时性(哪怕只是从这个词的马力意义而言:用时间单位来衡量用功单位)。确实,过去我每次所要做的,都是"用对逻辑的横向研究取代自给自足的结构研究(西尔维·梅尔佐[Sylvie Merzeau])"。以何种方式?把右边的一系列恒定变量与左边那栏中的不变特征对应起来,所以才有了本书附录中的一览表,以便我们对这样那样的轨迹有一个整体认知。在文明的特定框架中,不变的功能有:为绝对存在者服务的仆人——誊写者或教士——所起到的关系作用;视觉影像所起的重组作用("分配名誉、给人以尊重"的功能)——人们把这种作用归诸"透视冲动"或帕斯卡尔的"想象力";国家权力的宣传功能。但是,运作的机制是可变的。我们这种双重解读所要生产的,就是这些变化的类型。

我们追寻的不是身份,而是过渡和新出现的事物(因此我们才关注转折时代,比如16世纪、20世纪)。通过比较(这里指的不是文化的比较,而是阶段的比较),可以得出那些能够说明问题的差异。这不属于普遍人类学的范畴,因为使用优先于结构,轨迹优先于剖面。这也不属于实证历史(或实证主义历史)的范畴,因为恒定的变量归于某些不变量,而且我们试图做的并不仅仅是证实两者,而是要把它们进一步组织起来。尝试建立一种文化的技术史,有朝一日把它归诸此处或彼处正在成形的某种历史人类学,若能如此则再好不过。

"技术"位于"社会"的上游或中心。这就一下子与社会学家的研究角度错开了。通过目光及其历史这个例子,我们可以很清晰地看到这一点。在《中间艺术——论摄影的社会用途》(Un art moyen. Essai sur les usages sociaux de la photographie)一书中,社会学家关注的焦点在于行为代码与介质的占有模式。社会学家很好地指出,照片作为事物的客观印记,其种种特点如何满足了流行自然主义的期待。这种创新的社会学在于"重新抓住一种客观化了的意义,该意义是主观性之客观化的产品"。记录下来的影像具有一定的独特性,从根本上区分了照片和"圣像""象征"。社会学把这些独特性当作已经取得的成果,并不探询摄影这项发明对以往或相近的影像操作、对雕刻和绘画造成了什么样的断裂效果。因此,有关复现技术的整个系谱都原封不动,而在这样的系谱中,我们能看到照片介质(médium-photo)慢慢撼动影像讯息的结构。当然,任何一个观察照片的角度都不能取消其他观察角度的资格,媒介学的反打镜头也有可能补充社会学领域,但是因为落后于人的关系,媒介学并不企求具有和社会学一样的学术标准。

比起那些伟大的邻居来,媒介学家更容易受到意外情况的打击。他在各种发明的曲折历史中前行,一次又一次地感到吃惊。① 技术对象使他失措,每一种创新都几乎迫使他推翻自己的理论。社会学家、符号学家或精神分析学家则倾向于把所有新出现的技术不加区别地全部归纳到某种事先已建立起来的体系之中。他们迫不及待地要告诉别人,不管这些新技术是小牛、奶牛还是猪,它们都证实了先前已经存在的规则:阶级斗争、编码体系或者老生常谈的心理结构三要素(本我、自我、超我)。这些学科难道不是已经变得太过自信,以致都想不起阿波利奈尔对诗人的忠告:"别让火车在你眼里变得平凡无奇"? 它们常常把新的赝象(artefact)简化为它们自身的隐喻状态。研究目光的媒介

---

① 1839年阿拉戈(Arago)在法兰西研究院介绍达盖尔照片时说的最后一句话:"关于这种类型,我们尤其要做好应对意外情况的准备。"——原注

学家可不会说:"就是这样,您自己看"。他在面对非洲雕像、艺术画、照片、电影和电视的时候,首先会说这样一句话:"这完全不是一回事儿了,我无法保持镇静了。""这不是很简单的事吗!"已经存在的科学自言自语,它事先什么都知道。"越来越复杂了。"另一个喃喃地说。

认识首先意味着简单化,从种种复杂的、凭经验得来的变化中找出简单易懂的不变量。皮尔斯①正是以这种方法总结出:符号世界(或称符号界)与有机界(或称生物界)之间的不同之处在于,前者需要借助"翻译者"的媒介作用。"翻译者"这个术语介于符号与对象之间,但并不存在于刺激—反应的反射过程中。"第三者"的存在意味着人的自由,让我们把它看成人类学的一个不变量。要是有人轻轻敲击我的膝盖下方,我不能阻止我的腿不往前弹,但是,我可以闯红灯,可以朝脸色阴郁的人微笑,或者拒绝别人冲我做出的友好表示。"符号情况"让我能够自由选择反应,其中便包括不反应。但是,这个自由的空间并不是一个漠视的空间,不是独立于我们所用信号机的性质之外的一种主观不确定。比如,我们不能把现代的"大众传播"纳入一个与历史无关的概念框架(该框架是文化的一种本质状态,人们称之为"**某一符号情况**"或符号界)。理解"大众文化"的现时情况并把它与某种易懂的模式有序地排列起来(比如代用品与类型、现象与结构)是一回事,把前者溶解于后者之中则是另一回事。要是简易化使我们无法再区分各种差异——比如古希腊社会的"符号情况"、中世纪天主教社会的"符号情况"与我们21世纪的"符号情况"之间的差异——那它就不再具有可操作性,而是变成了不思进取。因此,认识的第二步十分必要:把不连续引入连续性之中。把"符号情况"所具有的抽象普遍性具体化,就等于把它详细解释为**媒体界**,而媒体界是不变的**符号界**中的一个具体变量。这里,符号帝国的易懂原则与它的周期化原则是一体的。

---

① 皮尔斯(Charles Sanders Peirce,1839—1914),美国符号学家、哲学家、逻辑学家,实用主义和现代符号学的创始人之一。

阿尔都塞①曾提醒我们，理解需要时间，特别是理解别人所言。《誊写者》和《法国的知识力量》中既没有大纲性的图表也没有对不同媒体界的区分，但是，正是教士与僧侣之间的差别让我个人走上了媒介学的道路，阻止我在"知识分子的定义"，这个已经变成了我们全国性问答题的问题上，做出历史方法与结构方法两选一的举动。当然，在如今的法国，我们眼前呈现的只不过是一个三极分化的社交界：大学、出版社、媒体。当然，目前这三极**共同存在**又自成一体，它们之间有着各种各样为人熟知的通道。但是，每一种主导源都可以被注明历史日期。1880年至1930年，大学期；1930年至1968年，出版期；1968年至不知何时，媒体期。这三个周期具有废物回收利用的价值，其中被回收的是一种"教士"功能，它的产生先于词语和不信教的知识分子界（勒高夫，《中世纪的知识分子》），也可能会在这两者消失之后继续存在。在这里，一旦我们从"知识分子是具有思想和价值观的人"这个名词性定义过渡到"知识分子是传播者"（传播思想与价值观）这个操作性定义，不变量就出现了。功能决定地位，而不是地位决定功能。只有针对确实发生过作用的功能的本质，而不是器官的官方称谓，才能归纳出一种与符号和标识逻辑并不对应的位置逻辑。改变角度，才能产生这样一种稍显荒唐的念头，新闻机构所履行的社会功能与往昔那些在俗教士所履行的社会功能并没有太大的区别：大众传媒功能和昔日的教士职能。如今负责将事件翻译成符号、把横生枝节翻译成好戏的，不是讲道台上的布道，而是屏幕和纸张上出现的报道性叙述。每个"菜单"，每次排版，都是一次非宗教性质的讲道（或一堂道德教育课），它们为标题划分等级，因此也为事件或人物、连贯事件的天意逻辑、照片的譬喻用途等划分等级。（依照上面的比喻，基层的新闻工作者等于从前的本堂神甫，编辑主任等于大主教，晚八点新闻的主播，就其在法国的管辖权而言，等于高卢的首席主教。顺便说一句，正因如此，对妇女是否可以担任神职一

---

① 路易·阿尔都塞（Louis Althusser, 1918—1990），法国哲学家。

事进行辩论在媒介学看来完全没有价值——对于这个问题,人们早就已经背着梵蒂冈从技术上做出了决定。)

★

"为什么传播"这个问题属于人类学范畴;"有什么要传播"属于伦理学范畴;"如何传播"属于历史媒介学范畴。不管如何,如果说符号的媒介功能具有范畴性、跨历史性并作为集体组织的先验条件而植根于空虚定理之中,那这种功能的运作器官则是不稳定、独特、可进化的。为了走近这些器官,我们需要把自己变成历史学家而不是哲学家。这是第一次外流。但是,因为这些器官的历史结果是以载体的技术进化为依托的,那么光懂得历史还不够,还需要把自己变成技术学家——说白了就是媒介学家,这是由我们所研究的工具的性质所决定的。这是第二次外流,或者说概念流放之中的流放。对一个形而上学者来说,做历史学家可不是一件光荣的事情。对历史学家来说,尽管有吕西安·费夫尔和马克·布洛克①的劝导,做研究技术的历史学家也不是什么光荣的事。这种双重的"掉价"——这里我们不合时宜地沿用古老的等级制度——包含在理性逻辑之中:1) 为了理解**作品**(opus),就要向**操作**看齐;2) 为了理解操作,就要向**设备**看齐;3) 为了理解设备,就要向设备所在的**系列**看齐。因此,像《法国的知识力量》或《西方目光史》(*L'Histoire du regard en Occident*)这样的研究,它们在哲学家眼里显得过于细枝末节,在历史学家眼里又过于刻板。历史学家对综合性概念总是怀有戒心,因为他深知实际操作有多么复杂。而哲学家不屑于研究经验历史的独特之处,因为在他看来,描绘变量却又不总结出道理是很乏味的。媒介学家知道这两种截然相反的反对意见自有其合理性,因此他恐怕难以逃开其中任何一种。

---

① 吕西安·费夫尔(Lucien Febvre, 1878—1956)与马克·布洛克(Marc Bloch, 1886—1944)均为法国历史学家和年鉴学派的创始人。

5. 什么是媒体界？

在这些思考得来的(也许历史学家会觉得"具有哲理性"的)小故事中，按照时间顺序团结各方的因子叫作**媒体界**，或**讯息与人的传播运输界**。其组织结构取决于自身的主要记忆存储法，又反过来组织某种话语流传的类型、某种起主导作用的时间性以及某种集中模式，也就是一个三面体的三面，这三个面形成了(可以总结为)集体性格或专属于某一媒介时期的心理概貌。

从历史的角度来看，所有的媒体界都已被注明，我们的图表主要区分出三种媒体界：**话语圈**(logosphère)，作为中心的书面语在某些限制条件之下通过口头渠道传输信息；**图文圈**(graphosphère)，印刷物将自身的理性加诸整个符号领域；**视频圈**(vidéosphère)，视听载体削弱了书籍的力量。我们看到，这个系列并不包含没有书写的年代和社会，它具有真正意义上的历史性(后新石器时代的历史)。这种局限仅为我们的研究所有。人种学家杰克·古迪①的研究是我们最主要的参考之一，他通过在黑非洲进行的调查研究，为我们可称为**原始记忆圈**(mnémosphère)——或说仅仅建立在记忆手段之上的口头传播——的走向定下了基调。我们知道，书写下来的思想有三种主要的效果：积累、固定以及痕迹的去个性化。书写开创了时空中的**远程符号传播**，因此，它可以为我们划分阶段。书面广告与口头广告(话语圈)向书面的机械复制(图文圈)过渡，接着又向有声和可视符号的模拟记录以及未来的数字化记录过渡，这就是我们研究的全部。

传播/运输这对组合提出了一个历史分期问题，这是因为，虽然存储中出现了印刷术这一分水岭，可运输行为中并没有出现相对应的分

---

① 杰克·古迪(Jack Goody, 1919—)，英国人类学家。

水岭。电信与运输之间的配合是从对电能的技术使用和社会使用开始的(社会断层的出现总是要比技术发明的出现推迟十到三十年)。有日期为证:铁路对应电报,汽车对应电话,飞机对应无线电(或者说飞机时代对应无线电时代),洲际导弹和太空运载火箭对应电视。但是在此之前整整三千年的时间里,马匹让大地上的信息流动速度向人的流动速度看齐。很长时间里,旅行的时长即便不是一成不变,至少也是相对稳定的。马车、四轮豪华马车、驿车、轿式马车、敞篷四轮马车、有篷双轮轻便马车:运输工具的轻巧化和路况的改善缩短了时限,但并没有改变时间单位(1650年从巴黎到图卢兹需要330小时,1848年需要80小时)。即使圣巴泰勒米的消息三天(加三夜)之内就到达马德里,恺撒大帝旅行的速度与孔代亲王①旅行的速度没有区别,在意大利的夏多布里昂并不比蒙田走得更快。但是,传播与运输亦即信息与交通之间日益增长的差异从文化上来讲并不能说明什么问题。抛开那些最简易的可视或有声信号设备(灯塔和航标、城楼和烽火、大钟和号角)不讲,信息和信使各自活动范围的脱节是随着工业革命的产生才发生的。它从18世纪末开始,与蒸汽机和光电报同时产生,到了19世纪中叶,电报出现,这种脱节才真正彻底地形成。而视频圈信息的即时性和普遍性事实上可追溯到1848年。

  为了还原某一精神领域不可分割的时空格局,也许应该先承认专属于该领域的那些媒介功能的领土权。媒体界与物理空间和物理时间之间存在着一种精神关系。比如,我们不可能随便在什么地方就与上帝交流,而是要通过某些特殊地点和旅行(教堂与朝圣)的共同媒介作用才能进行。静止的身体与步行者或骑士的身体并不具有相同的符号需求。在《普通媒介学教程》中,我仅仅指出了一神教的出现与沙漠地区的巡游亦即大范围游牧之间所存在的联系(第245—250页)。希伯来人和看不见的上帝之间的关系需要沙漠与可居住地区、高山与平原

---

  ① 孔代亲王(Prince de Condé,1621—1686),路易十四的名将之一。

这种两极空间的媒介作用,同时也需要某种迁徙模式的媒介作用。宗教的空间从来都不具有各向同性的性质:多神教的领土四周有界限,它具有沉重和排斥流浪的性质,不同于一神教的空间,因为后者既高度集中于自身的象征之中(啊耶路撒冷),又居无定所(没有祭坛)①。同样,我们不能把破除圣像者与圣像崇拜者之间的神学辩论与家具/建筑、可携/固定、轻/重之间的辩论割裂开来。"沙漠"这个主题包含所有的拯救行为——上升、回转、撤退、避难——为耶稣教和犹太教所共有,这并非偶然。对沙漠的遗忘和长时间的定居生活有导致偶像崇拜衰弱的危险,而离乡背井却能够激发或激活救世主意识。空间与人们生活的地方相关,是身体和地理的双重关系,应当被归纳于我们的导体之中。但是,这种关系既依赖于运输工具,又依赖于传播工具。这些工具的速度变化改变着人们的思想态度和权威领域:动力学与符号密切相关。媒体界空间并不是一种客观的空间,而是一种轨道化的空间。因此,我们需要冒险提出"媒介空间"这个术语,它意味着面积与时间长度之间的关系。图文圈中"地球"这个媒介空间并不是视频圈的那个媒介空间:前者的圆周有三年那么长(麦哲伦),后者却只有二十四个小时(空客)。

因此,任何主体/客体的二分法,任何把精神和物质对立起来的做法,对于现实地理解媒体界都将是致命的,因为媒体界既客观又主观。它既是设备又是部署,既是行为又是作品,既是思想化的机器又是机械化的思想,它激活了"技术-文化"这个词中的连词符。对社会时间的刻度划分当然以技术的时代划分为基础,但是媒体界并不仅仅是技术界。对媒体界的分析就像是对某个社会进行精神与身体医学的研究,它立足于集体心理之间的界限,在这条界限上,机器变成了文化,文化变成

---

① 这只是我的一种推测,当时我并不知道勒南(Ernest Renan)对此做过影射。在《希伯来人的领土———一个古代小民族的纠葛,或一个对于第三个千年而言相当小儿科的案例》(«La territorialité des Hébreux, l'affaire d'un petit peuple il y a longtemps ou un cas d'école pour le IIIe millénaire»)一文中,地理学家皮韦托(Jean-Luc Piveteau)有力地巩固了这一观点。见《地理空间》(L'Espace géographique),1993 年第 1 期。——原注

了机器。其证据就是,把事物和神话搅和在一起的媒介革命总是同时结晶成一种机器和一个偶像。这是因为,晋升到中心和集权地位的新传播装置是一种神圣化了的工具,是影响手段的支柱,它承载着各种矛盾的情感,它在我们耳边说的话马上就变成伊索的语言。字母表、印刷刊物、电视或者电脑(很快电视和电脑就要合为一体)均是如此。没有生命的工具一下子有了灵魂,因为人们的想象把它变成了魔鬼媒体(médiabolique)的一个器官,变成我们的得救幻梦无所不在的家园,变成其他一些无法实现的计划。这些计划对某些人来说有如魔鬼,对另一些人而言却十分美妙。每一个媒体界都有它魂牵梦萦的东西,有它的空中楼阁。它既是梦又是机器。

如果说载体就是这样被罩上了一层幻想的光晕(这光晕甚至可以早于载体的实际出现而出现,就像二战后美国的计算机),可一旦它的性能指数(indice de performance)下降,神话照样会褪色。作为上帝的神殿和人类的解放者,**书籍**的神话没有能够阻止印刷品被新型载体边缘化。原先的神话心理转移到了微电脑上:微电脑将拯救世界,推动直接的民主,保证普世的"宇宙教育"(cosmopédie)(或者对人类的持续教育)。神话的至上随着实际产量而移动,社会地位报答工具的作用,而不是工具的作用报答社会地位。因此,即便不割裂媒体界中的主观和客观,也无法掩盖载体相对于符号的至高无上。不管是字母表中的小小字母、小铅字还是硅芯片,"小"总有一天会把"大"引到身边。文化或社会传统最终会具有承载它们的记忆工具的命运,每一种新的媒体界都会绕过前一种媒体界中所产生的主流媒介群。"小东西"总是藏在大词语后面,把"小东西"找出来永远是一种好的媒介学方法(比如把昔日"劳动者与知识分子的光荣联盟"翻译成锅炉与排字字盘的结合)。这不仅仅是为了治愈人们脑中的实体论,也是为了较好地找到生活的方向:生机在客体那一边。我们已经见到,一种卓越宗教的产生可以被理解成某个特殊交通环境的神奇升华。更不必说的是,我们可以把"意识形态"定义为技术科学中的思想游戏。灵魂是身体的想象,斯宾诺莎如是说。那精神面貌是否是媒体界的想象呢?

这句话一出口我们就反悔了,仿佛某种黑格尔式的"有机统一"(totalité organique)幽灵重新来拜访我们了一般。还是把媒体界想象成一种不可被简化为均质的弥散空间吧。我们必须抵制诱惑,不要让这个技术历史范畴中的所有计划都紧紧地围绕一个单一的中心,比如"某个时代的思想"或者"某个民族的思想",即那个耶拿哲学家①所说的**时代精神**和**民族精神**。我们的单一全体性(unitotalité)将并不反射某种精神原则,而是某种内部物质原则。说到底,这样做的危险在于把黑格尔哲学中的意义与生活的同一性替换成技术与思想的同一性,把思想看作是技术世界中的简单的自我意识。以事实为内在准则,将有可能导致某种**技正论**(technodicée),一种世俗和渎神的神正论。它告诉我们,既然技术是这个样子,那它总是有道理的。但是,技术要是变得理所应当,在技术之外就没有任何地方可以来评判它,技术史就会变成世界的裁判。关于这一点,我们会如此回答:不存在任何概念戏剧或道德戏剧,也不存在任何描绘人类向光荣前进的壮观图画。甚至,在一代接一代的媒体界中,也没有任何一条运作中的辩证原则。不可能让技术史扮演哲学史的角色,不可能像人们所说的"理性统治世界"那样来假设"技术统治世界"。黑格尔意义上的理性知道往哪个方向去,所以不可能迷路。它通往理性在绝对精神中的实现,而绝对精神独立于任何外在的联系,存在于完美自由所带来的自主充实之中。是否还需要提醒大家:科学技术进步并不是**自由**的渐进式显灵?它并不包含最坏的东西,也不包含最好的东西,因为它属于事实范畴,与价值范畴无关。

★

我们确实也可以去别的工具箱里翻一翻。比如,从社会学那里借来"场域"的概念。因为"场域中有斗争,也就有历史"(布尔迪厄)。能

---

① 黑格尔曾任教于耶拿大学。

够被同化为思想生物圈的东西确实可以遮盖冲突和竞争,减少符号操作者的行动范围、个人责任及其操作行为的政治系数。为什么不用"系统"(système)这个蕴含着自我组织和自我调节之含义的词,或者"结构"(structure)这个同样假定自我发展之内在的词?这是因为,媒体界不同于某一结构的暗含性,它没有跨历史性,它和技术时段一起发展,像技术时段那样发展。因为它和系统不同,它不能独立于它的祖先而存在:纯粹的媒体界并不存在,或者越来越少,它总是和它的前身交织在一起。媒体界也不同于场域,我们相信,假设媒体界的"结构由游戏者之间的力量关系状态而决定"(布尔迪厄),这种说法可能会讨人喜欢,但却是不现实的。尽管媒体界中存在游戏,因而巧妙地存在互相斗争的力量场域,但"界"与"场域"并不是互相排斥的,前者囊括后者。媒体界意味着各组成部分既互相独立,又因为包含在一起而互相依赖。一方面,因为我们**身在其中**这个事实,我们屈从于某个媒体界(而非屈从于某个场域),屈从于一个充满束缚的系统。这些束缚"独立于个体意识与个体意志"而存在。"界"有着强大的自主性。另一方面,它迫使我们概括我们的感知,把这样那样的设备纳入某个全景图。这种严密性不会把技术心理情结分割成一些互不相关的单位,也不会把这些单位同时与它们的补充成分和使用背景隔离开来。在图文圈的鼎盛时期,书籍不可与国民教育相分离,国民教育不可与公共图书馆相分离,公共图书馆不可与日报相分离,以此类推。这种互相依赖的关系证明:书面事物具有了全新的自主性(不同于个人的涂鸦或镌刻的题词)。"界"带领有形的介质体系走向赋予该体系意义的无形宏观系统。我们看得到微波炉,却看不到给微波炉供电的法国电力公司的巨大电网。我们看得到汽车,却看不到公路网、汽油库、炼油厂、油船,也看不到处于上游的工厂与研究中心和处于下游的维修与安全设备。巨大无比的喷气式客机遮住了我们的眼睛,让我们看不到国际民航组织那张覆盖全球的蜘蛛网,看不到喷气式客机只不过是该组织密切遥控的一个分子。讲到视频圈,就等于提醒自己,电视接收屏是大头钉的头,或者探测头,它的背后是一个没有组织者的巨大组织,该组织具有社会-经济-技术-科学-政治的性质,无论如何,它总比一个负责生产和编排电子影像的总控制室要复杂得多。

正如我们无法或难以很好地感知到我们赖以感知的事物一样,我们无法自发地觉察到那个使某个时代的象征血肉得以依附的骨架,因为它被这个时代已经建成的文学、美学和司法上的建筑遮盖了起来,使我们无法看见。

当我们阅读伏尔泰或赛维涅夫人的书信时,我们会想到这些书信是以运输业为前提的吗?也就是:1)一个强大的中央权力,它能维持一套公路网络、一些驿站和一群长期拿工资的从业人员;2)一定数量的骑用牲畜,所以也需要种马场,说到底,需要军队规模的骑兵部队。书信这种和平、飘零、田园牧歌式的文学需要的是武装力量和中央集权的国家。

当作为文学批评家的我们研究 19 世纪的小说或报纸专栏时,我们会不会想到斯坦霍普金属印刷机、要价一个苏的报纸、全国教育系统以及为上述文学形式的需求提供支持的铁路?

当作为思想历史学家的我们审视社会主义学说的内容时,我们会不会想到铅字印刷,想到这些学说诞生时所处的印刷环境?我们会不会把社会主义和莱诺铸排机——即使两者有着同样的寿命——联系到一起?

"界"这个概念存在着严重的缺陷,但也有着一定的揭露真相的价值。人们崇拜那些单独的、肉眼可见的物体,却不会把具体的网络尊为神话。人们举行过汽车选美,可公众不会由衷地为桥路工程局鼓掌;人们赞美过布加迪,却没有赞美过柏油;人们憧憬过八汽缸的马达,却从来没憧憬过养路工。

★

我十分清楚自己夸大了媒体界的相对自主(同时,从更小更局限的角度而言,夸大了法国的知识力量的周期)。这是为了达到彰显的目

---

① 法国旧时辅币名,相当于 0.05 法郎。

的。我并非不知道:这些二分法(比如书面语/口语)或三分法(我们那些三元图表)所提供给我们的光线常常是虚幻的。注重划分能够突出意义,却损害了细腻、渐弱与微妙之处。众所周知,这就是鲜明对比的缺点所在。然而我相信,具有挑衅意味的图式能使某种差别逻辑变得直观,从而具有教学的作用。即便这种黑/白二分法会给历史学家以口实——历史学家阻止他人将事物笼统概念化——他们会提醒那些具有系统思想的人:所有的社会都喜欢灰色。一张用女性价值与男性价值之对立、乡村与城市之对立等来表现口语和书面语传统的图表,自然会遭到内行的历史学家的反驳:18世纪的时候就已经存在女性写作(手写、私密、贵族的写作),城市里流行的书面语也并没有阻止乡下那种私人性、保密性的公证书写方式。斗胆说一句,这些无可辩驳的反对意见并不能够说明:对我们文化中的重要极点进行阐述是没有意义的。这些极点具有典型和原型的价值,要是我们的各种对称和区分(见附录)会让人们把媒介学看作19世纪那种唯科学论式的、无论什么都要进行概括的狂热妄想,那我们自认倒霉。①

更为严重的情况是,人们从语言的线性秩序中归纳出一种幻觉,这种幻觉同样适用于某一段时间,因为时间本身就具有线性和独一无二的性质;在时间的内部,"前"与"后"一个接一个地飞逝,没有回头路可走。这种幻觉是19世纪的进化论留给我们的遗产,它没有经受住人们对不同社会群体的考察,也经不起科学史本身的推敲,因为科学史为人们展示了知识长河中的跌宕起伏。这让我们坚定了这样一个念头:时间既会上升,也会下降。正是因为这些循环的圆圈和回返的螺旋,我们的文化史才既令人惊叹又令人恐慌。不同的媒体界接连出现,但它们并不会彼此替代,而是变得更加复杂,因为它们永远处于互相激活的规

---

① Michel SERRES, *Eléments d'histoire des sciences*, Préface, Paris, Bordas, 1989.——原注

则之中。我们要把它们想象成古代巴比伦塔,而不是想象成一长串的厅堂。当然,书面与口语之间不存在正负得零的情况,因为书面和口语都有好几种形式:原生态或礼仪的形式、个人或集体的形式、由阅读所诱发或不由阅读所诱发的形式,等等。学者们已经从那些没有书面语的民族中分辨出一种**原始**口语,这种口语在古代有着**至关重要**的地位,在《圣经》到来后的中世纪有着混杂或**次要**的性质,自广播和电视出现起,它便退居**三线**了。如传真一样,数字终端更新了书面语的操作和特性(同时降低了它的符号地位)。作为受害者,我们还没有很好地意识到存储器所具有的客观残酷性(因为直到本世纪初,任何的有声痕迹都无法被保存下来),也没有意识到我们过于看重书面语和口语民俗化(我们那些如今的"口头语"),反而没有对活语言的庞大根基给予足够的重视。意义只有通过文字和图形才能存在。在《论中世纪西方社会中的手势》(*La Raison des gestes dans l'Occident médiéval*)一书中,让-克洛德·施密特(Jean-Claude Schmitt)为身体和思想之间这种天生的辩证关系列出了一张发人深思的清单。在符号的海洋上,人类凭借耳朵和手势在字母的边缘、浪底和浪尖继续航行。书面语的这种女佣角色为话语圈所特有,图文圈几乎已经把它忘记,但是,随着手势、声音和仪容在视频圈中的强力复活,我们也许会再次熟悉这种角色。在此之前,意义被委派给印刷品,使没有个性的生活得以延续,而如今的我们却越来越无法接受没有个性的生活。既然身体为这种无能提供养分,那么,我们会重新发现身体的价值。

保罗·祖姆托在《文字与声音》(*La Lettre et la Voix*)一书中写道:"口语是一种抽象的东西,只有声音才是具体的。"符号效果首先是声音效果,也是胸腔、腹部以及整个身体所产生的效果。比起口腔和面孔来,人在说话时所使用的手势更多地需要上半身的晃动、足部在地面上的拍打以及手臂的活动。我们本想如话语圈的历史学家那样,说一说喇叭虫的原始振动。我们本想如研究非洲文化的人种学家那样,说一说生命的基本原理:调动起藏在人体内的所有力量,赶走坏事物,唤来好事物。我们想说的不是悄悄话，不是水池边的叽叽喳喳，也不是心灵的齐声低诉——具有卢梭思想的耳朵渴望在不幸的政教分离发生之前，在社会契约弥补第一桩离婚案之前，从人类起源中听到这种低诉。我们想说的也不是民间那些带有睡意和醉意的言语——这些结结巴巴的言语是"从黑暗的灾难中坠落"的残渣。我们想说的是权威、神圣、作为种子、拉开生命序幕的言语，诅咒或降福，迷惑或祈祷，是它们俯瞰着芸芸众生的闲言碎语。我们想说的是《创世记》和亚当故事里的上帝所发出的话语：只要他给个称呼，人、畜、物就相继出现。天父的声音为圣母玛利亚的子宫播下种子，无需借助其他的步骤。一切与圣事、礼拜、赎罪、警告有关的话语都是真理的气息，是福音的使者。正是通过这种话语的效力，佛祖、毕达哥拉斯、耶稣或苏格拉底（顺便说一下，还有索绪尔）永远都不需要书写。凡是来自他们声音的微弱回声，都能让我们心怀感激。这是圣书的笔墨以卑微和摸索的姿态所收集的话语；大家不会独自钻研圣书，而是在祷告时一起倾听，因为大家相信圣书传播着气息，传播着来自人类源头的芳香。这是圣方济各以及那些赞美上帝的行吟诗人口中所吐出的话语，它几乎满足了所有信奉基督教的拉丁思想家、演说家、牧师和律师；直至今天，这种话语还会于夜晚时分在阿索斯山①的拜占庭修道院里唱诗。它介于魔法和神力之间，在用咒语迷惑人或替人减轻痛苦的巫师或驱魔者的口中回响；它是用手在黏土中来回搅拌的工匠口中的号子；它是古代克尔特吟游诗人、古希腊行吟诗人和古代北欧吟唱诗人口中的话语，从流浪的盲人荷马口中一直传到根西岛的巫师维克多·雨果的话语。它是炼金术大师和深奥秘密的话语，但它也是那个——没那么晦涩的——"陈述法律"的大法官的话语，是那些通过呈请、陈述和判决来制定、讨论或透露法律的法官的话语。是下令立法和颁布法律的国王的发声行为，是公布法令的传令官

---

① 阿索斯山（Mont Athos），亦称阿索斯神权共和国，位于希腊东北部马其顿省的希腊正教圣地区域，为宗教圣地。

的发声行为,也是挺身说"不"的安提戈涅的发声行为。是今天所有那些伸出手掌、以诸神或祖母的名义发誓的人的发声行为。是口头表达所代表的身体行为,它让别人听令于自己,赋予独裁者控制大众的能力,因为大众为独裁者的口才、音色和嗓音所倾倒。但是,它也是这种在中世纪时几乎完全专注于思想的话语:大学里的讨论(disputatio),大声的注解和阅读(当阅读还等于单独或集体吟唱的时候)。它也是自由艺术的话语:语法与辩术(课堂笔记,或基本教学法[reportatio]①,它在13世纪时于一片质疑声中突然出现)。今天,所有历史学家都为自惭形秽的口头文学(故事、西班牙八音节诗、武功歌、寓言、行吟诗、叙事诗)正名,指出中世纪的手抄行为如何影响了人们的口头表达。在超过一千年的时间里,"书写"就等于口授(1350年之前的法国似乎还不存在亲笔写的手稿),而誊写是最有价值的书写。最初的话语②既存在于每个上帝创造出来的生灵的内心,又与创造行为具有同样的外延。书写的神圣化也许曾是声音的拍岸之浪,它借用最初的话语,又是该话语的印记。我们不需要用"初始有行为的存在"来替换"初始有话语的存在",因为两者是同一个意思。作为火的语言,**圣言**是**原能**(原始能量[Énergie originelle])。它把逻各斯(Logos)、圣灵(Pneûma)与力量(Dunamis)合而为一。将灵期③一至,圣灵降临节④便已到来。正如形象存在于最初的书写,牛头存在于aleph,房屋存在于beth⑤(两者组成"字母表"[alphabet])。在泛灵论的话语圈,象形文字纠缠着文字,正如神圣纠缠着世俗。那些古老荒诞的字母形象,那些像牲畜、像花朵、像人类的字母,它们证明了口语与书写之间悠久又神奇的关系:书写是

---

① 中世纪欧洲大学所使用的基本教学法,以讲读(lectio)和讨论(disputatio)为主。
② 即上帝创造世界时所说的话。
③ 圣诞节到来之前的四个星期。
④ 复活节后第七个星期日。
⑤ Alph和beth分别是希伯来语字母表的第一和第二个字母,前者为"牛"之意,后者为"房屋"之意。

放置神圣之语的仓库。

　　跨越书写崇拜的视听技术当然不是要让如今的我们回归到上述这种超自然话语。但是,声音设备提高了信念的价值而不是论证的价值,提高了实用的价值而不是逻辑内涵的价值。印刷品的效应和威望似乎在降低,而新的口头文化使之重新得到平衡,正如影像视频以另一种方式为在艺术产生之前就存在的偶像崇拜注入新的活力,正如声音假器(prothèse vocale)(电话、收音机、磁带)赋予活生生的声带振动隐秘而至高无上的地位。这些技术手段取代了歌曲这种热情而流行的口头诗歌(即最初的史诗[épos]),也取代了图文圈的纸上诗歌。对于纸上的诗歌,学校里的学生还会学一些皮毛,但他们很快就统统忘记,而冷却下来的诗歌再也唤不起大众的兴趣。雨果所说的"此物将杀死彼物"恰如其分地描述了第二媒体界对第一媒体界所产生的影响,但是,第三媒体界对第一媒体界的影响,我们可以使用相反的描述:"此物唤醒彼物"(在雨果所提出的"建筑—书籍"这道正负相加为零的游戏题中,书写之伟大丰碑的衰落激活了人们对伟大书写的兴趣)。正如语文学家看到,信息化书写跨越了现代书籍赋予文本的稳定身份,重新回到中世纪誊抄者的那种"狂喜"之中。① 3总是比2更接近1。在城市空间里,比如十字路口或火车站,功能性书写让位于表意文字,甚至在国际范围内让位于一目了然的象形符号。阿兹特克文化或史前文化中的神话符号产生于字母发明之前,是发光和多维的空间。今日,超越字母的显示器与这些神话符号所蕴涵的思想遥相呼应,蔚为奇特。全视听图像导致的新型文盲使亡灵得以复活,"浪潮文化"回归了,先于印刷物而存在的冲动旧习也回归了。就这样,技术经济的全球化引起了全球政治文化的巴尔干化,引导着整片整片的大陆走向分裂。这种分裂几乎属于封建社会的性质,类似于国家出现之前的情形。世上仿佛存在着一种恒定

---

　　① Bernard Cerquiglini, *Eloge de la variante. Histoire critique de la philologie*, Paris, Le Seuil, 1989.

准则:一只手中失去的东西由另一只手重新获得。对领土划分及其向心价值的想象(关于身份和出身的神话)回到了轻盈、离心的视频圈,同时也是**通过视频圈**才能得到回归。传统的"区"——白纸黑字和农民的田地——因为电脑屏幕和电子交易而在技术上失去了领土的界限,却又因为宗教和政治在人们思想中重新占有领土而得到补偿。我们说过,技术的发展根本不是某种末世学说所说的"漂流",但我们确实是在向这种漂流靠近,如果我们还记得:话语圈把永恒的真福想象成听觉快感的浓缩——天使的合唱、赞美歌、圣诗、清脆的泉水声和鸟儿的歌唱——图文圈则远离了天堂。伊甸园难道不是一种来自近东的说法吗?它难道不是只有沙漠才能想象出来的一个封闭式花园?图文圈超越了有关天国的那些约定俗成的影像,它把话语变成了至圣,与西方世界的"东方化"相对应。话语圈围着字母打转,它所对应的是那些非拉丁语地区的欧洲化——在这些外围地区,占据主流地位的本来是用形象来记录思想的做法。相反,在视频圈里,线性和字母性的欧洲世界可能会远东化。确实,存储的数字化粉碎了皮尔士对图像符号和象征符号的区分。二进制编码在记录表意文字时和字母一样快一样好,因为它是把文本当作影像来处理的。这标志着东方的图形记录不再具有复制障碍,它们本来因为数以千计的表意文字而在印刷上吃了亏(在老式的打字机上也吃了亏)。本来,因为谷登堡的二十四个符号,可怜的拉丁字母表获得了很大的发展和扩张的优势。可是,图形的像素处理及光学识别把所有的符号都转换成了相同的视觉对比。在这种情况下,相对于西方社会,亚洲占有优势。所以致力于数字最优化的日本才成为照相机、复印机以及扫描仪的最佳生产者,即便它并不是唯一的生产者。① 世界中心和全球格局的颠倒本是大历史中的残酷游戏,却在关于复制技术的小历史中也找到了对应。

---

① Voir Michel MELOT, «Photographie et intelligence artificielle», *La Recherche photographique*, numéro spécial, 1989, pp. 61 - 64. ——原注

II 新的转折点?

我在此所粗略描述的方法并没有得到批评家们的重视,虽然他们一般来说相当大度。对此疏忽,我个人要负全责:我的文笔放肆,具有不必要的论战和抒情风格,而且我的知识也有欠缺。但不容小觑的还有,学科与学科之间的隔离,以及我的分析中那种略显生硬的现实主义。要是我们在这个背景之上再添上作者的坏名声,那就更加会受到流言的贬低。阿兰说:"交谈的水准总是取决于最愚蠢的那个人。"人们要么把我的研究划到某种稳固和自信的传播符号学之下,要么把它们归入"信息与传播(Information et Communication)"的社会学专栏。这样做的唯一缺点在于:我们正好处在符号学的对立面,离"信息传播"(Inforcom)也远得很。

1. 巨大的误会

如果看得更仔细一点,我们就会发现,本书中所提出的问题不属于任何一个已被广泛接受的"传播"范畴。"传播"这个癌性术语的癌细胞具有飞速转移和无法控制的特点。在我们看来,它的过错不仅在于人们在使用它时把它延伸到一切事物、任何事物,更重要的是,它自身内部乃至它的**含义**中就存在不确切的地方,这些地方逐渐导致我们单独看待传播事实。

当代人种学曾提醒我们要警惕欧洲中心主义,因为其特点在于,把"他者"看作"同一"的衍生,把杂乱而幼稚的原始社会看作我们成熟文明的雏形。欧洲中心主义已然褪色,但某种尚未被察觉的人种中心主义依然存在,我们可称之为"技术中心主义"。它的特点在于:把当今工艺中所隐含的那些规范反过来应用到从前的历史经验中去。近半个世纪以来,大众及评论家口中所说的"传播"像极了智力上的与物质上的这两种外推法的结合:语言外推法与电话外推法。

大家是否会原谅我们重申以下这一点,创造出严格的数学模型以估量信息成本的信息理论之父克劳德·香农曾是贝尔电话公司的职员?这个事实当然无法改变他那些定理的科学价值,但却可以帮助我们限制那些外推法(把它们限定在机械的范畴之内)。在法国,电信公司的管理层曾是传播研究最主要的资助源和保护源——大型会议、研讨会、教职、报刊和出版物。这个事实并非无关紧要,我们既不想贬低它们的功劳,也不想贬低它们的好处。但是,这恰恰反映了工具对目的的控制和机器对思想的控制,然而某种无意识的光环效应却通过邮政和电信的棱镜而使人类的文化史产生幻觉。话筒、电线、信号。"喂,请讲……好的,收到,再见。"这种或繁或简的图式意味着"传播行为",而传播行为是推理的主要单位。任何一种科学操作都是这样进行的:在一大堆的经验数据中提取确切的事实,或者将它们抽象化。因此,我们否认的不是这种简化的抽象性,而是它的可操作性。基督教、新教、自由主义、社会主义,它们的传播并不通过电线、电缆或赫兹射线。它们不是电报或电话讯息。对符号流通进行内部私有化的处理意味着一种相当可怜的社交,它狭隘,守旧,总是相当迟钝。绝大部分的西方历史都对它视而不见,因为与它相对应的是一些互相之间多少有些融合的集体传播准则,在这种传播中,就连阅读也是集体行为,口头传播以团体的形式进行。教士的讲道、老师的授课、祖父讲的故事、老爷的吩咐、诗人的朗诵、法官的判决，它们面向的是人数众多的听众，在拥挤、喧闹、被包围的公众场所进行——教堂前的广场、市场、王侯家的庭院、举行庆祝活动的厅堂、十字路口或者十字架。在两千年的时间里，是窃窃私语与道听途说使我们那些创始神话得以迁移至广大无际的地盘，使它们逃脱了信息理论以及该理论的当代分支。

显然，发送者/接收者这个单向模式不能应用于那些述行语（énoncés à vocation performative）。我们将把这些述行语称为"寓教"语（énoncés à «instruction incorporée»）。它们应该说出公正和善的东西；它们有着"讯息"这个通用的名字，是宗教、社会和政治信仰领域的特点。人类的神话储备于几千年之前就已形成于这一领域的深处；文明的记忆网络从一个时代向另一个时代的运输与大众媒体无关。如果我们转向科学史，那在我们特有的"传播社会"中，用传播图式来描绘科学语言传播的具体模式就不怎么贴切了。不管是昔日的学说还是今天的知识，都似乎与"传播"的先决条件无关。

因为物本主义（chosisme）和理想主义奇特又经典地混合在一起，所以人们普遍默认信息是一种事物：一种介于发送者和接收者之间、在电缆中流通的事物；一种移动、互换、来来去去、有点像足球场上的足球的事物；一种来自一个大脑而后进入另一个大脑的事物，比如从某个概念设计者或制造者到某个消费者或目标对象的事物。这种普遍的看法并非完全错误，因为"信息"也是一种商品，一种可以量化的原材料，一种标了价的财产。但是，理论上的"信息"和日常生活中的"信息"具有不同的含义。从科学的角度来讲，信息是一种度量单位、一个统计概念、一种可能的情况，而不是一个实体或一件家具。但是，这个为人所熟知的知识似乎沦为共同财产，使得"讯息"多少有些模糊地变成了名词。这种名词化的产生同时依赖于某种被观测到的真实和某种远古的习惯：信号的真实一方面被视作某一物理量值的变化（压力、变化、卡片上的孔眼，等等），另一方面被视为一种倾向——我们的自然语言把一切关系转变成实体的倾向。但是，信号本身是没有意义的，只有通过并指向某个接收者时,它才能成为符号。在此,我们根本不需要重申一个已为所有社会学家和神经生物学家所知的事实:信息不是一种生理刺激,不能独立存在。是我们把它从上千种可能的信号中挑选出来;我们对身边的生理刺激进行筛选和过滤,由我们的认知能力和生活需要决定它们是否有用;我们从源头入手,把它们编成代码。"需要传达之物"并不存在于传达者和被传达者之前,也不能脱离这两者而存在。发送者和接收者之间所交换的讯息使两者从内部发生变化,而讯息本身因为自身的流通而发生变化。传播的运作如同**一条不断变化的锁链**(抛出去的圆球可以落进椭圆形甚至方形的球门)。

人们把"传播行为"这个概念视作发送极与接收极之间的二元点状关系,认为只有一种代码为线的两端所共有,使编码和解码成为可能。我们还可以从一些更重要的动机出发来否定这个概念。

首先,"行为"是**即时**的。发送与接收在时间上重合,发送者与接收者同时出现在线的两端。而传播却是一种历史**过程**,一种沉重的时间性。这种时间性并不外在于传播现象,而是传播现象的组成部分、发动机和存在理由(我们之所以传播是为了**取消**时间,让熵上升,或者至少用一个"递减之熵的小岛"来与时间抗衡)。

其次,"行为"是**人际**的。不管是否当面进行,它都是一种双人表演,是点与点之间的一个序列。而传播是一个**集体**过程,不仅两点之间的直线上有着许多人,而且说话的个体与聆听的个体都是独特的、具有历史框架的社会组织。总之,它是集体的个人而不是单独的二极管,是在编码世界里互相发送代码信号的人脸"芯片"。传播的主题并非传播的来源。

最后,"行为"是**安宁**的。没有任何力量场域横穿而过。而传播则是一种**暴力**的集体过程。冲突、杂音和愤怒并不存在于环境之中、之外或之后,而是存在于过程本身**之内**,从**内部**发出通知。思想的传播并不具有思想,形状的传播并不具有形状,科学结论的传播并不具有科学的性质:传播**立刻**启动权力工具和统治关系。所有的传播都是一场战争,它反对议论,反对惯性,反对其他的发送者,甚至并且尤其反对接收者。

基督教神学没有忽视传播,以神话形式出现的**天使学**(angéologie)曾是我们最初的传播学,其本质是一种**战争学**。天使意味着"信使"(angelos),《旧约》里的那些报喜天使并不是凭着一己之愿东奔西走的孤独行脚僧,而是如往昔的神职人员一样,"被编入了教区"。他们按照政治军事党派来列队("天军""上帝的护卫队",等等),具有**对立**(与魔鬼作战,与另一支军队——撒旦的军队——作战)和**阶级**(分成三个**品级**或军队,第一等是炽天使、智天使和座天使,第二等是主天使、力天使和能天使,第三等是权天使、大天使和天使)的双重特征。这种天庭金字塔是拜占庭宫廷礼制和政教结合制的模板,而后者又成为我们君主制以及紧随其后的共和制的模板。我们的就餐座位分配、观礼座位安排以及进入贵宾厅的先后顺序都源自拜占庭的天使学。

天使没有任何可爱之处,也许我们应该用恶人的形象来表现赫尔墨斯(但愿米歇尔·塞尔原谅我们)。学校、教会或学说的建立者——总之是那些控制有效传播的首领——他们在"名人形象"上或性格上更加接近政治家而非神秘主义者(这里借用一下政治家与神秘主义者之间的对立,因为它约定俗成,似是而非却又富有表现力)。要是历史还不足以说明这一点,那么,只要简单审视一下当代思想的舞台(包括科学活动),就能证实这种心理学假设。世上既**没有纯洁的介质**,也没有**无痛的传输**。传输(transmission)与屈服(soumission)之间的押韵是有道理的,从词源上来看亦是如此(upakouein 在希腊语中意味着"在下面听"或者"服从")。

为什么? 因为**传输**等于**组织**,而组织等于**划分阶级**,也就等于排斥和让人服从——必然如此。

正如皮尔士所指出的那样,符号的解码是三元①的,其中最为关键的是**阐释者**的概念。但是,符号学家从"阐释者"一词中读出的是"讯息

---

① 指符号、事物与阐释者。

转译规则的体系",而媒介学家从中看到的却是"被指定的中间人"。这个中间人同时负有两种任务:第一,结束讯息("全集""圣经""古兰经",等等);第二,阻止意义的无限反射,从而保持释义的稳定(正是因为意义不完整,所以才要限定合法阐释的疆域)。即便疆域的限定是一项完不成的任务、一项总是失败的任务,但意义的不完整让人不得不确定一个合法参考,以便"关闭"组织(规范的界定具有稳定性),自动地把权威话语的发送者变成单纯为某一不幸缺席的高等权威代言的人(上帝对耶稣,耶稣对使徒,使徒对教会创始人,以此类推,直到本堂神甫)。

思想传统的形成与**思想团体**的形成是一体的,集体是个人传播的真正动力,个人传播追随集体而发生。**字面文献**与**权力团体**的建立同时发生,其中包括疆域的限定、习惯用语、等级、标志,等等。事实上,起传输作用的权力团体产生之后才回过头去建立学说,通过一系列重复的强制行为和对传输的垄断而巩固自身的地位(它效法的是启示宗教中那种经典的"修正老经验"的做法)。体制与阐释并驾齐驱:比如,天主教神学是和作为权力金字塔的天主教会同时建立的。传输的形式由封闭的团体进行生产。"正解"是一种集体组织**效应**,要不就是一种鲁滨逊式的漂流。孤岛上的鲁滨逊打开漂流瓶,一封加密信出现在眼前,他将独力破译这封秘信。这种情况只会存在于符号学的想象之中。事实上,瓶子的漂流是在铁轨上进行的,有专门运输的管道。这些管道的存在并非巧合,而是权力部门引导的结果。只有这样,瓶子才能从四周致命的"杂音"中浮现。运输途径总是起着决定性的作用,而布置运输途径的人一般不是讯息的发送者。大多数情况下,安装电缆的人同时是程序控制员(他们决定:在别人生产的讯息中,哪些东西可以被读到、看到或听到)。

源头→发送者→信号→接收者→目的地,在这个标准图式的基础之上,还可以加上一个或几个反作用圈,圆圈的中央有一个或几个箭头,用于标识周围环境中那些作为杂音之源的寄生物。如果借用贝特森①和其他学者的理论,我们可以把这个线性图式变成圆形,即便如此,虽然它在教学上得到了简化,但从理论上来说仍然过于简单。这不仅仅是因为传播是**双向**进行的,接收者同时是发送者,反之亦然;也不仅仅是因为"杂音"对于建立信号至关重要,信号是以"正确形式"的形式从背景中凸显的,这就使得"杂音"对于讯息而言具有首要和至要的地位。更根本更重要的原因是,传播并非以水平形式进行,传播的两极并不在同一个高度,相反,它们因为不平等的制度关系而一下子产生落差,而讯息的可靠指数正是由这种制度关系来决定。上帝与摩西不在同一个高度,摩西与希伯来民族也不在同一个高度;诺贝尔化学奖获得者在《自然》杂志上发表的文章与张三李四所发表的文章不可同日而语(反之亦然);老师与学生、女儿与父亲之间也是如此:箭头要么往上要么往下,只不过过程和系数不一样罢了。"传播事件"至多是对一种在历史上获得成功的传播行为的削峰或奖赏。它在**战役之后**到来,把自己摆在**某一过程的结尾**,只在乎该过程的结果——线路已经架好,讯息已经组成,编码也已经通过了合作者之间的协议或制定。传播是一种冷却、稳定和平静的传输。符号学图式(它并不质疑自己所处时代的技术标准)意味着问题已解决:渠道已经铺好,支线已经接上;线的那一头已经有人准备好倾听(这个人既不无动于衷,也不抱有敌视的态度);杂音已经被清除或遏制;讯息已经具有可靠性或得到了许可。要不是因为布鲁诺·拉图尔的关系,这种田园牧歌将很自然地让人想到非个人信息的学术传播。拉图尔以这样那样的学术发表为例,指出"科学讯息是为了进攻和防守:它和堡垒和小型掩体一样,不是一个平静的居所"②。

若是精彩的广告胜过长篇大论,那就让我们打开今晚《世界报》的头版吧。有一则广告以书籍封面的形式推介《天主教会之教理》一书,

---

① 威廉·贝特森(William Bateson,1861—1926),英国生物学家,坚定的达尔文主义者。主要著作有《孟德尔的遗传原理》《遗传学问题》等。

② Op. cit, p. 93. ——原注

书名上方用粗体字写着"通过透明公开的教会讯息解读 21 世纪",书名下方写着"此书是界石,是**权威**,任何书房都不应错过"。显然,这些陈述的含义并不存在于陈述的内部,要是仅从字面去理解,就会错过最关键的地方——权威的张扬。面对这一文本的并不只有我一个,供我阅读的也并不只是这个文本。它有意地提前彰显自己的醒目,说明自己的内涵实际上要丰富得多:它得到了某个圣宠团体的认证(专门召开教务会议决定此书的出版;传道议会[Congregatio de propaganda fide]的会长亲自主持编辑会议,使此书得到完善);由至高的教会权威(教皇本尊)保证质量。就这样,获得信誉的手段具有了最高的威信力,从(无限)微小的角度来说,它涉及许多如今的读者所能遇见的文本:这些文本被光环冻住,被(官方或非官方的)权威输送,被推介手段导演,与事先存在的**教育体系**相配,我们把这种体系叫作**元文本**(métatexte)。就算是那些最世俗、最实证的资料,它们的传播也无法脱离这些规则。比如米歇尔·福柯的《话语的秩序》(*L'Ordre du discours*),我的解码之眼所看到的,并不仅仅是这几个字的字面含义。出版社的名字、庄严的环境、严肃性刊物的汇报、将它送到我身边的那种赞美之词,这些都为它贴上了标签,使它一下子成为一个能抬高人身价的**价值**。占有它的内容,就等于融入——当然是幻想中的融入——社会和知识的精英阶层:那个曾在某一享有盛誉的机构中亲耳听见福柯讲话的阶层。占有它的内容,也等于偷走它的宝库,获知它的密码。陈述的社会所指是真实或想象中的团体,陈述就是这个团体的参照。因此,个人的私密阅读是间接的团体阅读,是向内部的遴选偷偷抛去一个会意的眼神。这种遴选要么秘密进行要么在作者死后进行,它属于一个令人羡慕的、幻想中的交响乐团,该交响乐团的成员是那些与作者多少有些默契的读者,作者在世时领导着他们,死后继续在思想上鼓舞他们。

2. 媒介学时代

所以，传输不等于传播。至于符号学，就让我们立刻毫不羞耻亦毫不虚荣地承认：我们在符号上是阴性的。这不仅是一种化验结果，更是一种理性的选择。

而且，这种选择具有长远的影响。在我们看来，要是不斩断与符号学之间的这根缆绳，就不可能在对符号传统的理解中有所进步。我们必须和原来那种关于代码的"认识论断口"一刀两断，它是我们最主要的"障碍"。要想皈依媒介学，就得付出这样的代价。

知识的道路是否呈"S"形？对人的认知是否像上帝一样，目标明确而道路曲折？在 20 世纪初的"语言学转向"（《普通语言学教程》，1916）之后，许多学者已预告并着手推动媒介学的转向。它从与语言学相反的方向出发，有着长长的弧度。在第一个拐弯处，人们特意避开了一些事物和事件，为的是找回能指结构作为内部关系体的自主性。消除**参照幻觉**（*illusion référentielle*）是一次真正的解放，这种形式化使我们脱离了经验主义和心理咒语。从我们脚下显露出来的弯道引导我们摆脱**符号幻觉**，重新找回一种与世界以及世界的素材、矢量、手段密切相关的参照。这又将是一次解放。

这个在我们的大学院校里被称为"S. I. C."（信息传播学）的分支曾经不得不向"符号之歌"低头。如今，它不得不克服"符号之歌"。符号学领先媒介学足有半个世纪之多，这很公平。结构语言学最先出现于形式主义的历史之中，所以它成为了基础，统一了那些相邻和互相竞争的科学。"代码之战是一场针对不可表达之物的战役"（艾柯）。幸好这场历时三十年之久的战斗以胜利结束，符号学仍然是阵地上和校园里的主人，从此以后，它将统治原来那个排斥它的教学空间，但是这种统治是通过自我复制、自我应用和自我参照而进行的。大学里那些从前的异端现在代表着大学的正统。然而,新的实证活动(positivités)标识出了季节、气候和纵聚合方面的变化。现代的事物变成了过时的事物,符号学已离我们而去。我们之所以这样说,是为了承担哀悼的任务,而不是为了逃避。弑父从来无碍于菊花①。媒介学家们摆脱了束缚,但丝毫没有忘恩负义。作为诚实的回头浪子,他们将向索绪尔之墓鞠躬,并把索绪尔在欧洲的两个最出色的侄儿的相片摆在壁炉的显眼位置:罗兰·巴特和安伯托·艾柯。两者取得的成就都与语言有关。要是没有这两位,电话听筒与音位学组合——后者被命名为"传播符号学"——的相遇将永远不会取得如此的声望。

也许我们需要指出,我们并不如结构逻辑时代的孤独灵魂一样,宣扬对主体的回归,也不要求内容对形式所享有的权利。我们和他人一起提出相反的建议:走向客体(并且通过客体,找回具有开放的历史具体性的主体)。下定决心走向"机械物",走向"技术工具理性",走向"技术专家体系",以及其他一些贬义的术语。也就是往与哈贝马斯②、阿多尔诺③或埃吕尔④等人相反的方向走去,把优先权赋予文化的物质根基。即便我们认为应当对作为人类学"原汤"的神学知识加以利用,我们真正要做的也是继续推动理性化,彻底摆脱巫幻的控制。所以,借用康吉扬⑤在总结弗朗索瓦·达戈涅的研究时所使用的词语来说,我们的位置在那些"鼓吹用文字反对思想、用空间反对时间、用表面反对实质"的人的身边。这是一个解剖学口号,对哲学家而言简直是个苦行主义口号。媒介学的感觉能力具有形态性、描述性、外化性,它和瓦莱里⑥

---

① 在法国以及某些欧美国家,菊花表示哀悼,常用于葬礼。
② 尤尔根·哈贝马斯(Jürgen Habermas,1929—),德国社会学家、哲学家,法兰克福学派第二代的中坚人物。
③ 特奥多尔·阿多尔诺(Theodor Wiesengrund Adorno,1903—1969),德国哲学家、社会学家、音乐学家,法兰克福学派第一代的主要代表人物。
④ 雅克·埃吕尔(Jacques Ellul,1912—1994),法国技术哲学家。
⑤ 乔治·康吉扬(Georges Canguilhem,1904—1995),法国哲学家。
⑥ 保罗·瓦莱里(Paul Valéry,1871—1945),法国诗人、评论家、思想家,法兰西学术院院士。

一样,怀疑事物是否具有实质。它讨厌进入事物的实质,满足于"正面、表面和界面"。总而言之,我们希望自己能够符合这样的介绍:"一个现代艺术家(一个专家?)应该浪费三分之二的时间去试着看见可见之物,尤其要试着不去看见不可见之物。哲学家们反其道而行之,但他们往往能改过自新。"三分之二的时间用于平凡之下的事物,三分之一的时间用于感觉之上的事物,这样的比例显得很明智。这难道不就是清醒和睡眠之间的比例吗?

所以,在平凡的日子里,我们希望能够融入那些通过外在来理解内在的人,他们毅然决然地让每一个思想(idea)向承载它的事实(realia)靠拢。在目前这种情况下,就是让**符号**向**痕迹**靠拢,**话语**向**过程**靠拢,**阐释**向**仪器**靠拢,**文本**向**资料**靠拢,**文字**向**书写**靠拢,**传播**本身向**传播途径**(道路、运河、铁路)靠拢,**口语**向**发声器官**靠拢,**记忆**向**存储器**靠拢。所谓存储器,就是痕迹的物质载体以及与之相关的**记忆法**和编码与存储手段(书面、模拟、数字,等等)。重新把每种思想实质引向使之存在的实际操作,这种做法没有丝毫新意,但是,凡是涉及"思想生活"的事物都不是不言自明的,因为"思想生活"这一领域自然而然地倾向于一种实体化和理想化的方法,尤其因为我们印欧语言的缘故。是否需要说明:要实现以上的转换,光有可以感知的数据是不够的?传播手段每一次都需要重组,媒质具有"自我涂改"(布纽)的本性,因而难以捉摸。文化的各种物质性在相互关系之中得到更新,这意味着对显而易见却没有被人看见的事物进行有条理的学习:超现象主义不等于经验主义。

3. 回首一瞥

人们已经极好地梳理了"索绪尔时代"在法国文化中的发展史。如果我们只注重这一时期所取得的实证经验,如果列维-斯特劳斯这个伟大的人类学家对艺术和自然事物的双重爱好和双重认识没有向泛逻辑主义偏移，那么我们本该把这一时期称为"列维-斯特劳斯时代"。英雄诞生、传奇友谊、豪杰相争、尤利西斯的航行、点金石，不管我们对天主教或结构主义中的奇事有着怎样的爱好，本书中我们不会再讲述这种应该已家喻户晓的集体武功歌。就让我们止步于"传播"这一面，提醒大家源头在何处。

我们知道，20 世纪初，费迪南·德·索绪尔将语言学去历史化，使之以**系统**的概念为中心，从而使语言学变成了一门科学。他把语言学表达为未来某一门普通科学的一部分，该科学"研究社会生活中的符号生活"，其本身也是"社会心理学的一部分"，索绪尔把它命名为"符号学"。几十年之后，罗兰·巴特把它建设成人文科学的指南，名之为"普通符号学"。这种普通符号学不再观察无声的社会心理学，而是想要把自己组装成"先驱科学的四驾马车"：经济学、语言学、人种学和历史学。带来这条好消息的《符号学原理》（[*Eléments de sémiologie*]1964）把索绪尔取得的成果（语言/言语、能指/所指、横组合/系统这些配对）与耶尔姆斯列夫①取得的成果（图式/规范/用法三部曲）结合了起来。这里的符号学是作为结构语言学的一个子集而被展示给大家的。既然应该让正在成形的学科向已经成形的知识看齐而不是反其道而行之，那么颠倒家谱就是光明正大的。语言学家无法从中认出自己的孩子，他们曾徒劳地抗议人们仓促剥夺他们的所有权。虽然思想模式向其他辖区的转移加深了错误，但它仍然是思想发展的一部分，依照强势知识的意愿而重复发生（这一点也与对生态可知模型[modèle d'intelligibilité écologique]相当敏感的媒介学家有关）。

巴特的文章发表于 1960 年创刊的《交流》（*Communications*）杂志。在这个重要的词语之下，一种关于传播工具的经验社会学和一种欧洲

---

① 路易斯·耶尔姆斯列夫（Louis Hjelmslev，1899—1965），丹麦语言学家，哥本哈根学派的创始人。

式的尖端理论符号学开始相依共生。

  1950—1980年,符号崇拜的发展受到与之相伴而生的"大众文化"的推动。前一种迷信是后一种迷信的承接基础。语言学解读屏蔽了一切,使学者们离开了本来的道路,不再把新方法放置于始于新石器时代的历史连续性内部去考察(正如同时期的勒儒瓦-古朗①在极大的孤独中撰写《手势与言语》[Le geste et la parole]时所做的那样),这都不要紧。从表面上看,这种伴生似乎是天意。一方面,大众传播的发展扩展了意义的范围,另一方面,编码理论学家也扩展了他们的阐释范围,大众文化不再庸俗,大学学科不再精英。阳狮集团(Publicis)②爱上符号学,符号学家爱上百珍妮(Panzani)意大利面条,在这双重之爱中,大众流行与极端复杂之间产生了奇特的交流,这一点连主角都不知情。哲学工作与日常关注分手之时,高雅文学从社会地平线上消失之时,传播这一话题却在学院式抽象与最脆弱的现代性之间重新开启了各式渠道。那时的《交流》杂志是索绪尔-詹姆斯·邦德这一电路或耶尔姆斯列夫-希区柯克这一电路中的重要场所之一,它是接近科学结果的一条诱人捷径,可惜这些结果尚不分明。

  控制论的创始人诺伯特·维纳③在1948年把没有内在参考的人定义为一台与周围环境交换信息的传播机器,下这个定义的时候他并没有借助语言学。任何现实都应该在最后一刻把自己当作一个各种要素的关系整体来分析。这样的想法与结构公设殊途同归,该公设把一切意义效果归咎于最小单位的组合,或者归咎于与某一确切代码直接相关的特征。法国符号学坚决地忽视了这一点,把美式的机械主义纵聚合变成了隐喻,提高了这种纵聚合的"文化修养"。从隐喻到转喻,社会

---

  ① 安德烈·勒儒瓦-古朗(André Leroi-Gourhan,1911—1986),法国人种学家、考古学家、历史学家。
  ② 法国最大的广告与传播集团。
  ③ 诺伯特·维纳(Norbert Wiener,1894—1964),美国应用数学家,控制论的创始人。

生活的所有领域很快都被符号帝国收入囊中。艾柯在此之后不久总结说:"文化的本质是传播",也就是说,"某些从属于潜在代码的信息的发送"。为什么? 因为既然一个符号就是一种东西(随便什么东西),用皮尔士的定义来说,"我们通过认识这个符号而认识另一种东西",那么,所有的文化现象都是符号系统。广义的符号系统超越了语言现象,但从意图上而言遵守着相同的构造规则。传播代码囊括了自然语言的范畴,但自然语言并不确定某一种模型,因为它们本身就被"代码"结构所模型化了。因此,我们可以把"传播系统"搬移到对无意识("无意识的组织结构与语言一样")、电影形象、绘画、广告画乃至任何事物的分析中去。逻各斯中心主义可以吞下一切,问题在于它所吸收的东西。在使语言学概念摆脱赋予其意义的约束条件和见证其诞生的领域之时,这种新生的思想专制使我们从假定的阐释模型滑到了阐释对象的本体学分类。再次引用艾柯的话来说,这种思想专制的胜利应该能使人们"将自然事实简化为文化现象",或者"把自然翻译成社会和文化"①。因此,通过把已创编码幻想为"可能发生的传播交换的结构模型",我们可以慢慢减少那种被同时期的拉康称之为"现实主义痴愚"的事物。就连帕索里尼②本人也无法避免这种"痴愚",因为他把电影形象看作现实的相似物(analogon),看作某一事先存在的物体在银幕上的复制(巴赞曾对这种神奇的生活再现有过同样的热情)。艾柯纠正说,电影事实上是一种常规符号的代码,这些符号为我们的文化所特有;电影是"一种说着另一种已经存在的语言的语言"③。

人栖居在语言里,前语言阶段并不存在。人建立一切,包括人自己(正如海德格尔所言:"诗歌语言解释事物,但没有任何事物可以解释诗

---

① Umberto Eco, *La Structure absente*, *Introduction à la recherche sémiotique*, trad. franç. Paris, Le Mercure de France, 1972, pp. 222, 224. ——原注

② 皮埃尔·保罗·帕索里尼(Pier Paolo Pasolini, 1922—1975),意大利作家、诗人、导演。

③ Umberto Eco. *La Structure absente*, *Introduction à la recherche sémiotique*, trad. franç. Paris, Le Mercure de France, 1972, pp. 222. ——原注

歌语言或广义上的语言")。此类结合的内部包含对参照物的驱逐,它禁锢了语言,造成一种自我参照的眩晕,引导着那个时代的索绪尔在宗教奥秘和招魂场景中探寻一种作为终极基础的代码的代码。另一些人则更加谨慎,他们关注的仅仅是这种文雅的精神分裂形式,它不仅具有审美的丰富性,也具有挑战性,往往引人联想,它是人们从时事评论中回收绝对理想主义所造成的结果。比如,撰写《符号政治经济学批判》(*Pour une critique de l'économie politique du signe*)的杰出作家①坚持"外延从来只是那个最美丽、最微妙的内涵",当他认为海湾战争并没有发生过时,他忠诚于自己所提出的前提。这是一种连贯甚至严密的看法。其秘密何在?

★

"大脑先生栖在他的身上/褶子里藏着一个秘密②……/下面的内容忘了……"

瓦莱里是在媒介学尚未成形时的一个伟大的媒介学家,他的寓言——《坏念头与其他》(*Mauvaises Pensées et autres*)中的一篇——具有长远的影响,每天我们都会想起这种影响的后续。达尼埃尔·布纽这样说:"人们总是通过浮出水面的东西来思想,总是从桥墩的顶点出发去思想,而'为人熟知'的事物恰恰不是被承认、被精神化的事物。每一个水上的层面以自己的法则来对水下的层面进行重组,虽然后者始终支持着前者,却不被前者承认。"这就是瓦莱里寓言的确切寓意,是"骄傲自大"(hubris)与符号学泛滥的理智主义根源。桥墩上的俯视图遮盖了意义的物质层面——人们过度地把世界解释成符号,因而忘了下面还有别的,忘了文字本身也有身体。人们淹没在印刷文化中时不会测量口语厚度这一印刷文化的根源,城市化了的人不会记得天空、激流和小径,意义的世界不会记得感官体验、嗅觉、味觉与触觉。同样,符号

---

① 指法国哲学家鲍德里亚。
② 对拉封丹寓言《乌鸦和狐狸》开首两句的戏仿:"乌鸦先生栖在一棵树上/嘴里叼着一块奶酪。"

忘记了物体,也忘记了自己是一种痕迹。马拉美说:"思考若是不留痕迹,就会渐趋消失。"但是,在那些思考自己思想的人眼里,痕迹——纸和墨——也渐趋消失,正如赛璐珞和摄像机消失在被放映的电影之后。悖论在于,我们必须从语义的整体环境出发,回过头去寻找那些为人熟知因而不为人知的技术、手势和材料,正是有这些技术、手势和材料,语义的整体环境才会出现。

符号帝国是大都市的帝国(日本的城市群),地球的城市化操纵了事物——也包括影像——的符号化并使之变得合法。不错,我们用我们的编码生产意义,但是,我们的出发点是某个感官体验事实。比如照片,它是"确实受到客体影响的符号",是未经加工的记号与情感。它就像是一种独立于我们的思想活动和社会习俗的绝对存在,把我们紧紧抓住。这种"抓住"松开了我们心中的代码,至少在短时间内是如此。一幅画也是如此,它有自己的色彩、纹理和或多或少能触摸得到的厚度。抽象的音乐是随意性和代码的绝佳场所,因为它的乐音体系根本不由自然来决定。可就是关于音乐,与经验主义几乎无缘的列维-斯特劳斯不久之前还提醒我们:"正如绘画一样,音乐意味着对感官体验进行自然的组织,但这并不等于说,音乐屈从于这种组织。"我们知道,列维-斯特劳斯的作品不仅受到雅各布森和结构音位学的影响,也受到经验式实地调查的影响。需要指出的是,他的作品始终有别于相邻的形式主义方法,因为它"对物体和技术"具有一种特别的"敬重"。我们的癔言学(linguisteries)①卸下了工具也卸下了实体,技术与感官一同被掩盖。看到这种双重的胜利,我们可能会感到遗憾:我们最好的符号学家居然没有关注列维-斯特劳斯在法兰西公学院开第一堂课时(1960)所说的一段话。这段话是这么说的:"在假定自己研究的对象具有符号性质之时,社会人类学并不想要与现实一刀两断。它又怎么能这样做

---

① 拉康创造的新词,用于与"语言学"相区分。拉康认为"无意识结构有如语言",他所说的"癔言学"指的是精神分析处理语言的方式:用语言学来理解无意识。

呢？一切皆为符号的艺术也要使用物质媒介。无视神的形象就不可能研究神，无视主祭所制造或使用的物体与实体就不可能研究宗教仪式，脱离与社会规则相对应的事物就不可能研究社会规则。社会人类学不会把物质文化与精神文化分割开来。"①

说到底，我们这种局限于符号力量的小尝试完全遵循上面这条放之四海而皆准的劝告。不管怎样，符号学一代的法定父亲——至少也是叔祖——第一个指出了符号学最薄弱的关节，并且这样说的时候像是对着不确指的人，这个事实并不是无足轻重的。

4. 智力戏法

符号意识常让人想起列维-布留尔②所说的"原始思维"，它和魔术一样有着令人沉醉的一面，这不仅因为它像巫师和通灵者一样到处都能看见符号，更因为它认为自己能够在专门的背景之上，"在内部"阐释这些符号。如果人就是语言，如果人周围的一切都是语言，那我们就不需要再去发现，去流亡，去装备自己。人的思想能够认识外在于人的世界，同时又能守在自我的身边（黑格尔的自在[bei sich]）。对于知识分子而言，除了这种形而上的优势，还有一些更专业化的奖赏，对此，媒介学家将是最后一个感到吃惊的人。在一个特定的社会环境中，若是讯息能够保证这一环境的根本利益，那讯息就会流行。告诉所有那些以言语为职业的机构（大学、出版社、报纸，等等）：最好关心词语而不是关心事物。告诉那些总体而言有学问的人：为了理解所有的社会事实与自然事实，应该把它们都翻译成文化事实。这样的做法不会招致讯息

---

① Claude Lévi-Strauss, *Anthropologie structurale deux*, Paris, Plon, 1973, p. 20.——原注

② 吕西安·莱维-布留尔（Lucien Levy-Bruhl, 1857—1939），法国哲学家、社会学家、人类学家。

接收者的无礼对待。**思想的自恋**是思想者的行会倾向。既然最快被人们接收的陈述是那些最适合我们的陈述，那么，以言语为职业的人不会装聋作哑，尤其是那些名誉、业务（及收入）均借助语言并在语言中实现的精神分析学家。比起**对象与工具之间的结构对等**（"无意识结构有如语言"），再没有什么能更好地建立有理有据的分析。"人们只对那些会说话的成年人进行精神分析"（迪亚特金①），而且，一旦人们假定——尽管有许多不容置疑的观察结果的存在——"孩子一出生就被语言捆绑"，假定始终被弗洛伊德作为参照的自然生物基础先是被重新编码成了"索绪尔码"（从弗洛伊德的"幼稚物理主义"来看，他并没有很好地理解精神分析），那么人们就能更好地进行精神分析。生产一种为所有语言共有的元语言，通过生产一切事件的发生规则而使一切事件重生，这是一个美丽的幻梦。世界是一句含糊不清的话语，但我知道世界的代码，我能恢复世界的透明。"元"这个层面把所有其他的层面都变成物体，也就等于把它们都变成自己的下级。谁能进入这个层面，谁就能变成**文化能人**。既然这个故事、这部恐怖小说、这首诗歌都和许多可能性中的一种一样，符合某种为我所知的生成模型，那我就隔空成了它们的主人，至少在创造力上与之势均力敌。对人类才能的展示进行各式各样的编码——人类的才能允许自身的各种展示之间存在翻译和过渡——这就使得上游的**解码者**成了作者的作者，成了创造者的平方（créateur au carré）。把一个文本、一部电影、一张广告、一个节目变成符号，这在一定程度上等于把它们变成卫星。评论家变成了太阳，作品和产品一件件地被他从自己的解构话语中抽出来，就像是从一个装满秘密的魔术帽里被抽出来一样。我们知道，是什么样的社会戏法效果使拉康得到了这种居高临下的姿态。

　　刷上一层符号学的清漆，人不用多费力就变得更聪明，而且摆脱了

---

① 勒内·迪亚特金（René Diatkine，1918—1997），法国精神病医生、精神分析学家。

对对象的附着或修炼的疲劳。对于最狡黠的那些人而言（他们不知道大智若愚的道理），与对象拉开距离有其诱人之处。我们可以把媒介学与符号学对立起来，就像幽默与讽刺那样。不管怎样，我们都是文化的反刍者，习惯了忍辱负重、老实巴交或逐字逐句地去啃印刷出来的书页。对我们而言，符号学曾是我们头顶的苍穹，它让我们抬起了头，同时又不离开语文学的围墙——我们的"信息篱笆"。就像是一种终于得到许可的逃跑，它让符号秩序中那些富有想象力的人得以生活在"身在而心不在"这样的悖论之中。

在圣托马斯及其《神学大全》的教育下，安伯托·艾柯这个年轻的中世纪研究者具备了形式逻辑推理的能力。这种教育没有白费。如同所有严肃的经院哲学一样，普通符号学是一种教学法。对它的追随者而言，这种容易记住的操作方法使他们能够在十余种二元论（外延/内涵、接换/排列[commutation/permutation]、语言/言语，等等）的帮助下头头是道地谈论任何事物。如果您今晚出去用餐，可别忘了带上纵聚合和横组合。您女友的穿着、餐馆的菜单、餐厅的装饰、账单，您将无往而不胜，也不会说出什么傻话。如果"红红火火的形式主义运动使人与人之间的交流达到最佳状态"，由此及彼，那形式主义的圣经就是最适合传播理论学家的东西，而符号学术语就是为他们所不屑的手艺师傅手中的零钱。符号学术语等于各种分散性知识的综合体，需要勤奋的钻研才能获得，而形式主义则让人免去了钻研的过程。符号学的识别以镜面的形式进行，"符号学研讨会"几乎等于同语反复，符号学家等于天生的与会者，而"孤独的符号学家"这一表达等于自相矛盾（因此才有这条学者箴言：若想朋友遍天下，就学网球和符号学）。元语言（或作为原型的语言）具有总体性和囊括性，能立刻让研讨会具有跨学科性和国际性。尽管最佳的方案总是"局部、特殊、具体、适宜、新颖的"（米歇尔·塞尔），可正是因为如此，它们很难被找到。但是，人们并不需要学习建筑，不需要了解绘画、厨艺、时装、广告或电影，也不需要了解每一个领域所特有的方法和词汇，便能从符号学的角度去讨论这些领域。这种节约型学科把每一种实践的外在当作它的内在,把固有的技术性从工艺美术中清扫了出去,所以能够做出一些利落高雅的示范,把多种多样的材料统一整理划分至一个单独的"正确形式"之下。这一好处也会带来弊处,所以,每当看到教育学家抱怨他们的学生毕业之后难以"进入动手阶段"——写一个剧本,拍一部业余小电影,搭一间棚子,写一封情书或者报税——我们总是感到有点吃惊。这种在知识的应用中所产生的慌乱也许与假定条件的虚假严密性不无关系。

"只有在某物缺失之时,才应该把符号放上去",费朗特在《死去的王后》①中如是说。如果说这个"某物"在文字工作者那里叫作"文体""才能"或"敏感",那符号的使者们从来不缺乏此物。但是,当他们的作品中有此物时,科学却消失了,反之亦然。就好像文体家和理论学家在玩捉迷藏。将智力发现与学院设置、发明者与博士对立起来,这样做总是有危险。这场旧官司太容易判断,而我们却没有办法扮演检察官一职。谁不想具有"语言大师"的文学才能呢?人们总是通过果实去评判果树,而符号学这棵苹果树上结出了不少滋味美妙的果实。巴特把评论变成了作家作品,《玫瑰之名》(Le Nom de la rose)这个美丽的恶作剧变成了一部杰作。如何阻止自己产生以下的感觉:"这种滋味不把那种知识放在眼里","这种情绪或才情、这种微妙的悲伤或快乐的知识(gaya scienza)(看你读的是巴特还是艾柯)与体系没什么关系",修辞学家有可能会胜过自己的修辞。在这里,直觉超越了方法。《恋人絮语》或《明室》似乎并不与《符号学原理》和《时装体系》②有着相同的理论来源。仿佛唯美主义者情绪中深刻的那一部分突出了"学者"的严密性中肤浅的那一部分。此外还有一个并不简单的悖论存在:那些反对

---

① 《死去的王后》(La Reine morte)是法国作家蒙泰朗(Henry de Montherlant,1895—1972)于 1942 年写成的剧本,费朗特为剧中的葡萄牙国王。
② 《恋人絮语》(Fragments d'un discours amoureux,1977)、《明室:摄影笔记》(La Chambre claire:Note sur la photographie,1980)、《符号学原理》(Eléments de sémiologie,1965)与《时装体系》(Système de la mode,1967)均为罗兰·巴特的作品。

感情以及不可言传之物的人,他们的威望主要就来自感情和不可言传之物,比如文学感情和文学之不可言传。把无用之牌打出去,把"写手"温和地颠覆为"作家",这种手段也许确实是高雅之极,是把握分寸和讽刺的顶点。要是换一个当代"结构主义者",也许就会把这种偏差推向疯狂的地步。路易比阿尔都塞更有天赋。他因为这一差距而死去。《读〈资本论〉》与《来日方长》或《囚徒日记》①之间有何相似之处?同样,在马克思主义者那儿,音乐埋葬了教授,在教授死后嘲讽他,使他的理论失去了威信。这种做法因为无意而更加残忍。但是,我们该停止致敬了。就算鹤立鸡群的圣人、英雄和天才确实存在,也不能说明他们在理智上有理由思考他们所思考的事物而不是其他。虽然难以正视,我们还是要说:总体而言,我们一生中所能遇见的那些超凡之人,行动者、形式者或思想者中那些完全当得起这样那样形容词的人,他们身处的地点是妄想而不是真实。可惜理智有其理性之处,它更喜欢平庸之人。所以,媒介学家将舍弃天才。媒介学家首先应该肩负起这种平淡。

5. 几种缺陷

1969年1月,国际符号学协会属下的国际管理委员会在巴黎做出了一项无比重要的决定:把"sémiologie"(符号学)换成"sémiotique"(符号学)。有人会说,这仅仅是因为受到了英语的影响。不错,但它也是,并且尤其是一项政治决定。"-ique"是权威的扬声器。它把软的变成硬的,把老的变成新的。如此,我们就与信息技术(informatique)、通讯信息处理技术(télématique)、机器人设计与制造技术(robotique)以及住宅自动化信息管理技术(domotique)相押韵了。符号学家

---

① 《读〈资本论〉》(Lire le Capital)、《来日方长》(L'avenir dure longtemps)、《囚徒日记》(Journal de captivité)均为路易·阿尔都塞的作品。

(sémioticien)便成了机械师(mécanicien),媒介学家(médiologue)则是空想理论家(idéologue)。-ique 表示精确的、一目了然的后缀。-logie 表示大概的液态后缀。当 ique 排除故障之时,logie 却在高谈阔论。地位上有差别。我们敢不敢暗示大家:韵脚也可以让人迷失?人们可以给柔软的空想装上坚硬的外表,也可以反过来,对坚硬(笨重、执拗、令人不快)的现实进行柔软的分析。

没有固定居所的媒介学凑合着过日子,这并不要紧,要紧的是它有事可干。也许,不管在科学上还是在艺术上,屋顶就是硬道理。教育(docere)建立学说,而不是学说建立教育:话语的定居是它获得信任的首要条件。因此,我们根本不想有一天能与正统的符号学相竞争。符号学具备强大的师资队伍和发达的国际网络:教授职位、杂志、大会、研讨会、协会、研究中心,等等。而我们的方法恰恰教会我们:是队伍在思考,而不是思想在思考。因此,对这些比党派或国际工人组织还要坚固的知识机构,我们心怀敬意。它们让创立者们付出过如此多的心血,又为追随者们提供了如此多的好处,以至它们最终走上了自我繁殖的道路。这是规范所在:人(Sapiens)是一种惯性动物,学术人(Homo academicus)更是如此。

虽说应该建立一种关于思想的政治学,可它不会有任何能够讨好思想者的地方。正是因为人们蔑视意义的黏性与重力,符号学才在文学群中扇起了翅膀。重申符号的技术性、经济性和政治性这被掩盖的一面,等于让意义制造者贬值,让他们丢面子。本书中我们所提出的这些令人反感、不合时宜的意见便是明证(把思想辩论转移到一个从本质上与知识分子无关却与立场、同盟和网络有关的庸俗阵地,这种做法本身就是相当愚蠢的简化行为)。媒介学家的"元"是符号学家的"下"。前者赢得了易懂性,却失去了别人的尊重。人们有多喜欢对神话的分析,就有多反感对工具的观察。

在进行这种关于符号群的人种志研究时,我们希望能从古生物学家那种细致的"物质主义"(matiérisme)中汲取方法。(没有文学作品的)安德烈·勒儒瓦-古朗并不是一个经常被引用的作家,因为他的名声局限在他的专业领域。但我们认为,即便他的博学著作在法国的"知识风景"中仅占据一个小得可怜的位置(看看文化新闻地图就知道),这个光芒四射的史前学家仍然比任何一个历史学家都更好地照亮了我们所处的时代(包括政治与社会方面)。物种与个人的有机发展将大脑和手紧密地结合起来,它们代表着对外界环境从符号上进行掌控,代表着对物质进行物理化学上的使用。"工具与语言具有神经学上的联系,在人类社会结构中两者密不可分"(勒儒瓦-古朗,《手势与言语》)。可惜的是,大众和科学没有对手和脸、对技术与语言给予同等的重视,在现代社会尤其如此。单独强调语言导致人类科学变成了半人科学,类似于一个只有一条腿的人或者一个被截去一个半球的大脑。在我们法国的人文科学中,勒儒瓦-古朗的名字可以与人类学中对立互补的两极中的第一极相连,而列维-斯特劳斯的名字则可以与第二极相连。如果我们能够与许多其他更有能力的人一起(我想到的主要是西蒙东[①]和斯蒂格勒[②]),把符号世界里那个如同被诅咒了的考古和技术层面——通过场域/反场域的效果——从黑暗中拉出来那么一点点,那我们会感到自己是在为公平和真理服务。

通过语言学的领航,符号学建立了系统与定理。通过对技术事实的开放,媒介学只能提一些问题、做一些研究。显然,媒介学不是一种学说,而是一种**变化**,一个**学习框架**,一个**研究领域**。

如同所有的体系建筑一样,"考察一切与语言法则有关的符号体系"(艾柯)的符号学不仅拥有对象,而且拥有一种可陈述的方法,对某一模型——比如结构语言学——进行提前**演绎**。在这里,规则先于事件。

而作为学科交叉路口的媒介学则采用**事后归纳**的方法,以一堆历

[①] 吉尔贝尔·西蒙东(Gilbert Simondon,1924—1989),法国技术哲学家。
[②] 贝尔纳·斯蒂格勒(Bernard Stiegler,1952—),法国技术哲学家,解构主义大师德里达的弟子。

史调查为出发点。在这里,事件先于规则。

这些方法中的每一种都有着已为人知的弊端。

演绎体系生产一连串的逻辑,但是,如果对这些逻辑进行仔细的推敲,就有可能发现它们并不确切或者并没有确指的对象(例如,广义的宇宙和具体的影像都可以被当作文本来解读)。

归纳型学科则生产**结果**,但是,对这些结果进行形式化处理并不容易。

要想扩展研究领域,就不可能不在形式严密性上有所损失。形式化与篱笆相辅相成。符号学故意把自己封闭在代码的分类学形式之中,因而赢得了"科学性"的外在标识。但是,时间一长,抽象会变成抽搐,只有打开新的口岸,才能缓解这种形式主义痉挛。从这个意义上来讲,"符号学"广口瓶与"媒介学"大缸之间不存在对峙的情况。后者不会贬低前者,而是把它像一颗星星一样归还给学科星座。

在我们看来,值得探讨的并不是符号学话语在自身秩序中的有效性,而是符号学的膨胀。从邀请到冒险,符号学随着叙述符号学、电影符号学、身势符号学(手势)、美食符号学等的开展而退化成了一张全损保险单。对于具有局部有效性的体系而言,这是一条常见的轨迹——通过获得声望而赢取地盘,最后通过变成万能开罐刀而失去声望。要是有一天,在学校的文学课上,学生们不再破译赛维涅夫人的信件,而是研究格里尼昂和巴黎之间的驿站,研究这位女书简家所使用的鹅毛管,研究那些生产了她所用信纸的机器,那么,媒介学家将清醒地敲响警钟……

我们还需努力。

6. 阐释与组织:人各有志

"当心,安德烈·布勒东,日后不要进入文学史课本。如果我们渴求某种荣誉,那我们对后代来说应该成为被铭刻在灾难史中的一员。"年轻的多马尔①在1930年时如此教训那位超现实主义的教父,而多马尔本人似乎并没有成功进入成吉思汗、希特勒或斯大林的队伍。媒介学家不具有诗人的抱负,但他的研究范围正是灾难史,而不是文学史。他对"战争煽动者"和优秀作家抱有同样的兴趣。或者说,他感兴趣的是,前者如何过渡到后者。

作为文学研究之冠,符号学解码提出了一些温和的技术,并借助某一文本,对自身的对象——另一文本的意义——进行处理和透彻的研究:这里,信息在一个专属于意义移位物理学的极低耗能谱中振荡。艾柯曾担心自己那部《开放的作品》(〔L'Œuvre Ouverte〕1962)成为某些阐释妄想的辩护,因此他决定,克制他那些追随者的狂热劲头[《阐释的局限》(〔Les Limites de l'interprétation〕1992),巴黎]。这是为了捍卫原作的权利,重振字面含义的优势(字面含义是可能性阅读的标准参数)。他提醒人们说,有一些东西是既成事实,我们不能随心所欲地将它们解构。但是,"既成事实"指的是"文本",所以"文本"这个词也只是空话。媒介学家捍卫的则是:文本来自与词语秩序无关的需要和经验,它有权力生产文本之外的东西。说得更详细一些,从书写发明之始,人们就把符号信息与政治决策掺和在一起,把关于阐释的战争与战争掺和在一起(比如形象之争②、宗教战争或极端民族主义暴动),有兵器实实在在地投入使用,也有人实实在在地为此死去。既然如此,媒介学家想要密切跟踪的就是那些**逻各斯的超逻辑变形**(avatars extra-logiques du logos)。因为在某些条件下,"说"可以生产"做"或"使人做"。媒介学家打破了语史学的桎梏,因为暴力就存在于话语史中(这迫使史官去接触一些相当可疑的阶层,其中包括王公贵族、僧侣士兵以及地痞流氓)。

媒介学家执拗地越出边界,走到了文本之外(好比一个在滑雪道外

---

① 勒内·多马尔(René Daumal,1908—1944),法国诗人、评论作家。
② 即圣像破坏运动。

滑雪的人),他不会在许多的"文本主义"(textualisme)之上添加一点点的"实用主义"(我指的是对符号与符号发送者或阐释者之间的关系所进行的研究)。他并不打算用一点点文化社会学或政治社会学来改良或补充当今的符号学,也不打算像接受审美所能带给形式世界的那样,为思想世界鼓捣出某种东西。他要做的不仅仅是把要素的秩序复杂化,更要把它完全颠倒过来。把教会置于福音书**之前**,党派置于理论**之前**,学校置于课本**之前**。把管弦乐队置于乐谱之前。

所以,在我们这里,没有什么"不可接受的阅读",因为文本意图(intentio operis)或作者意图(intentio auctoris)不再是挡路石。艾柯写道:"要是开膛手杰克告诉我们,他的所作所为都是因为受到了福音书的启发,那我们会倾向于认为,他阅读《新约》的方式是一种不常见的方式。"①这个标新立异的人是我们每日的食粮。当符号学家说"背叛!"的时候,媒介学家说"传播"。"翻译者即背叛者",这就是法则。不是读者意图(intentio lectoris)优于文本意图,而是客观逻辑重于翻译者的主观歪曲。客观逻辑为一切有组织的整体和一切稳定的团体设下了限制:必须遵守某一文本或某个起源神话。对它的"阐释"将如独一无二、至高无上的文本一样,取决于事先设定的一条组织行为链:对参考文本的政治利用决定了某一类型的阅读,而不是相反。用途的实用性决定代码的符号性。法国大革命发明了"启蒙时代"(意味深长的聚合体),耶稣诞生一个世纪之后,天主教权威发明了新约。子宫在孩子之后出现,孩子依照自己的意愿来塑造子宫。预言者的话是在他死后才被放进他的嘴里。用先驱者法则来说就是:"人们之后才知道他之前就已来到"。

在将德里达和玛丽·波拿巴②面对埃德加·爱伦·坡的《被窃之信》

---

① Umberto Eco, *Les Limites de l'interprétation*, Paris, Grasset, 1992, p.67.——原注

② 玛丽·波拿巴(Marie Bonaparte,1882—1962),法国作家、精神分析学家,是拿破仑的后代,史称"波拿巴公主"。

(La Lettre volée)时的态度进行对比时，艾柯区分了**阐释**与**利用**：前者以既成事实的文本为依据，后者企图从文本中提取一些关于作者本人的推论。对历史事实的观察告诉我们，一个文本的社会用途或实际历程并不局限于人物和陈述的交替出现。首先，使用者并不局限于阅读者，更不局限于阐释者。从实证的角度来看，开膛手杰克与教皇格列高利七世或托克马达①一样，都是《新约》的合法阐释者，正如斯大林或波尔布特②是《资本论》的合法阐释者一样，因为媒介学家不需要关注是否合法这一问题。媒介学家观察到，一切阐释策略均从属于一种占有策略：它是一种政治操作，因此也是一种排斥。在这种情况下，要占有就得偷窃，有用的信件总是会被偷走。问题不在于人们是否很好地阐释了好撒玛利亚人的寓言或工作价值观，而在于知道如何利用它们来保住自己的领导职位或领导人顾问的职位。在极端的情况下，人们可以利用某位作者而不需了解这位作者，正如人们受到某个文本的影响而不需阅读这个文本的任何一行字。甚至在大多数情况下，事实都是如此。共产主义世界的居民中，有多少人读过文本中的卡尔·马克思？在中世纪社会，有多少人读过亚里士多德或圣托马斯？在我们的自由经济世界中，有多少人读过亚当·斯密或孟德斯鸠？甚至，在如今的弗洛伊德帝国中，有多少臣民读过弗洛伊德的作品？作品有如一座火山，它的喷射锥超出了它的"接收者"范围，不管这些接收者是信徒还是受害者。它间接地给人授精，从侧面授精，延时授精，从千万种渠道授精。最常见的情况是，它的名声走在它前头。它不情愿地走到一些老花眼患者面前；流言为它做宣传，它甚至被自身的晦涩难懂和阐释者卫队放大，上千个既非口语又非书面的无声符号给它戴上光环，比如献给作者的仪式、建筑和标志，这个作者要么是原作的真实作者，要么只是被人认为如此。购买原作，观赏它，翻阅它，就等于进入由那些倚仗原作的

---

① 托克马达（Tomas de Torquemada，1420—1498），西班牙首任宗教总裁判。
② 波尔布特（Pol Pot，1928—1998），前柬埔寨共产党总书记。

人所组成的精英团体,大大提高自己的身价。不管是宗教书还是教条书,书籍社会里的那些重要著作都有过这样的地位:《古兰经》在今日伊斯兰教中的那种地位。**元文本**——或一系列说明应该与文本保持何种关系的指示标志——裹住了文本,使文本得以在社会上立足。

箭头被倒了过来。符号学家把文本与其过去相连,媒介学家则把它与其未来相连。一个自问:"我确实明白了吗?"另一个问:"最终会怎样?""对此能说些什么?"这个问题折磨着翻译者。"拿它怎么办?"这个问题折磨的是介入者。符号学存在着一种个性——讽刺的、置身事外的、不暴力的、持怀疑态度的、相对主义的或笑盈盈的——个性中的不同特点表明了自身的专业能力和专业习性。符号学家并不积极参与政治,甚至,或者说尤其当他们走出科学领域,像专栏作家艾柯或神话学家巴特那样把自己变成日常生活之阐释者的时候。媒介学家的心理面貌中也许没有那么多的沉思,更接近于集体行动。媒介学家是一个失败的战略家,或者是一个有所克制的政治家,只不过他没有战略家和政治家那种对丰功伟绩的疯狂追求。至少媒介学家也曾喜爱过战场。符号学**嗅觉**不同于媒介学**直觉**,这在一定程度上如同侦探不同于(被解除武装的)预言家。这里,我们觊觎福尔摩斯。那里,我们觊觎圣保罗。这两个人可以在街上碰面并且寒暄几句,因为人人出力才能创造世界。但是,他俩肩负的职责并不相同。我们看到,为了达成互补,符号学与媒介学在本质上具有不同的关切点。

7."媒介即讯息":批评之批评

麦克卢汉是否过多地占据了小报的版面,以致不能被大学接受?把专有名词变成标志、注册商标和陈词滥调(等于听觉上的万宝路牛仔、卓别林的手杖和玛丽莲的裙摆),这样做并不能帮助自己赢得尊重。在我们的领域里,人们谈起麦克卢汉时的语气总是带着优越感,介于厌烦和饶有兴趣之间。这样的语气大家都听过。这个骗子预言家,这个没有章法、过分花哨的人,这个随时会被普通人引用的人——谷登堡星系,"热"与"冷",讯息与按摩,等等——实验室里的人却并不给予他科学上的严肃性和尊严。说实话,这枚运载火箭自己也并不幻想得到这一点,他说:"我什么都不解释,我只是探索。当人们把'逻辑'用到探索者身上时,'逻辑'就是一个没有意义的词。"这种理论没有多少结实的内容,但却是"开放的作品"的典型,就连它那种镶嵌画式的、非线性的、跳跃的句法,也是对被它当作对象的新电子语法(la nouvelle grammaire électronique)的一种模仿。显像管有着不为理性所知的道理,而麦克卢汉胡说八道是为了对它进行解释。用他自己的话来说,无法证实的预言、未经论证的胡话、过度的以偏概全,都可以被当作"调查工具"。语音字母是欧几里得几何学的来源,莎草纸"创造"了罗马帝国以及"使罗马帝国灭亡"的穆斯林,"电影同时取代了小说、报纸和戏剧",要是这些话以及许多其他类似的妙语经由一个正经的历史学家或社会学家说出口,那就意味着这个历史学家或社会学家处于一种接近于醉酒的状态。但麦克卢汉这个文学教授,这个对乔伊斯、埃兹拉·庞德和艾略特进行阐释的人,他既不是历史学家也不是社会学家。除了在思想的细腻方面有所差异之外,以上那些粗略的概括让人想到谈论工艺学的马尔罗:《无墙的博物馆》(Musée imaginaire)①的作者具有说起话来令人难以置信的才华,他把这种才华应用到了形状的世界,也许也会把它应用到载体和符号的世界。即便如此,在权威的粗糙外表之下,麦克卢汉这个巨大的金块用三个词总结了上百种对古代作家的概述:"medium is message"(媒介即讯息)。被布尔迪厄和帕斯龙②在一篇著名文章里拆成碎片的60年代的"大众媒介学"没有对"媒介即讯

---

① 安德烈·马尔罗于1947年发表的一篇随笔。
② 帕斯龙(Jean-Claude Passeron, 1930—   ),法国社会学家、认识论者。

息"这句话进行过精炼。① 技术与用途的混淆把媒体变成了一种未经区分的抽象力量,以镜像的方式生产出一个想象中的大众群体;假定的因果关系有着一种神奇的天真,认为媒体是一种能够捕捉一切、具有传染性的"超自然力";启示录式的千年至福论发明了一种**大众媒体人**(Homo mas-mediaticus)的形象,这种人没有历史根基和社会根基。反驳的清单可以无限延长,也曾被无限延长。但是,世上既存在无法开花结果的敏锐思想,也存在"繁殖力旺盛的蠢话"(笛卡尔),比如麦克卢汉的"名言"。媒介学没有发明这条"名言",道理很明显。媒介学只想把它推到自己的战壕中去,同时给它加上一个既理智又彻底的内容。思考极限,同时发表极限观点——马基雅维利的建议——这并不代表我们不能进行中肯的思考。

痛快承认了吧,麦克卢汉的"名言"经不起推敲。安伯托·艾柯虽然不讨厌巴洛克艺术,但他在 1967 年发表的《思想的中断》(*Cogito interruptus*)一文中毫不留情地指出,麦克卢汉把三种东西混淆在"媒介"(médium)这一个词中了。这三种东西是:1. **渠道**,或说信息的物体载体;2. **代码**,或说语言的内部结构;3. **讯息**,或说具体的传播行为的内容。显然,麦克卢汉这个加拿大人并不了解索绪尔(也不了解塞尼奥博斯②)。也有可能这个熟悉托马斯·阿奎纳③的人抛开了媒介的复杂物质性④,因此才有了这种可怜的对称:对麦克卢汉派所说的**没有代码也没有讯息的媒介**,符号学家用**没有媒介也没有环境的代码**来反唇相讥。现代语言学的创始人就是这么想的,他看不到书面传播与口语传播之间存在着巨大的差异(虽然他在理论上认为书面语次要于口

---

① «Sociologues des mythologies et mythologies de sociologues», *Les Temps modernes*, 1962, p. 998. ——原注

② 夏尔·塞尼奥博斯(Charles Seignobos,1854—1942),法国历史学家。

③ 托马斯·阿奎纳(Thomas d'Aquin,约 1225—1274),中世纪神学家、经院哲学家。

④ Umberto Eco, *Il problema estetico in Tommaso d'Aquino*(1954 年写就的审美学论文,于 1956 年用意大利语出版)。——原注

语):"语言和书写是两种完全不同的符号体系,后者存在的唯一理由是代表前者。"①作为"与组成它的符号材料无关的纯粹社会物品"(巴特,1964),代码具有不同的载体或恒定的渠道。媒介学的抽象变成了抽象的实体,人们用一种理智主义的抽象来修正科技至上主义的抽象。果断回应**绝对化介质**(它被认为独立于自身所能承载的各种讯息,也独立于赋予讯息意义的心智秩序)的,是没有载体、没有矢量的**绝对讯息**,它是作为自因(causa sui)和独立存在的神圣存在在符号学上的变身。于是,意义在运输过程中不会损失能量,文本机器的转动不需要发动机也不需要动机。在一个特定的阐释能力场里,讯息自动受到自身编码的调节,进而自动推进。于是泛符号学产生了一箭双雕的效果:它同时清除了本质(作为客体的符号)和政治(被某个阶层控制的主体)。这是一堂关于颠倒之物的课,它提醒我们:讯息的动力与载体的物质性同时消失也同时出现。就这样,人们以"代码"的名义为一些奇怪的生物取名,客体方面有:没有书写的语言、没有发音的言语、没有书籍的文本、没有摄像机和胶卷的电影、没有画布的画。总之,没有纸板而只有简单游戏规则的纸牌游戏(扑克、桥牌或者贝洛特纸牌游戏)。主体方面有:没有团体的传媒人、没有物流和运输费用就能在家收到的讯息。总之,生产一种没有知识网络(实验室、学术团体、程序、大会、杂志,等等)的知识、一种没有记录链的**理性**、一种没有力量对比的意义关系,并以之为背景。虚拟一个没有工具也没有工人的成果?那我们就"搞错方向"了。

从抄写者的"传播行为"到读者,这个概念为文本追随者们所珍视,因为它的缘故,一种危险的三重抽象过程得到了身价上的提高。这三重抽象过程是:1)对关于物质操作与社会装置的漫长历史进行抽象处理,每一个单独的传媒人都是这一历史的结果(从何时开始有"作者"和单独的"读者"?又是为何?)2)对关于文化操作的漫长历史进行抽象

---

① F. de Saussure, *Cours de linguistique générale*, Paris, Payot, 1964, p. 45.——原注

处理,这段历史决定并支撑着那些看似简单的行为(阅读、观看、书写、记录等行为的形式形态)。3) 对关于政治操作的漫长历史进行抽象处理,政治操作最终使共享某一代码的团体得以出现(凭借中央权力,推广并管理一种官方语言,进行扫盲运动,为档案和存品立法,等等)。

"什么是作者?"要对这个问题做出回答,就不能轻视"书籍"的物质形态(开本、装订、书名页、版本记录,等等),也不能轻视书籍的法律影响。同理,要回答"什么是文本?"这个问题,就不能认为文本的均质性、稳定性与一致性是天然原始的。书面语这些迟来的性质随着现代工业的出现而出现,进而成为常态。"作者"意味着作品是一个参照单位,而作品又意味着书籍这一客体是一个可辨识单位。这两种意味不为话语圈所知:13世纪的手抄本传播着许多常常没有作者的杂集,在同一本汇编中,不同体裁、不同作者甚至不同语言的作品可以交替出现。有人告诉我们,在法国,要等到公元1400年,才能找到一个均质的文本,一个题目和作者都清晰可靠的文本(马肖①)。② 总而言之,"作者"和"文本"是**结果**而不是**数据**。要是书籍不具备某种物质文化,就没有世俗意义上的"作者"。要是没有样本和开本的变化,没有圣经注解和注解者之相互注解的发展,没有意义与其最初物质载体之间的漫长分离过程,"文本"就不会具有自主性。文学符号学也许是这一抽象过程的巅峰。

代码优先还是册子书(codex)优先? 也许人们会说,必须择其一。我们在仔细研究铰链时恰恰要避免这一点。用结构崇拜取代载体崇拜,这样做能有什么好处? 对代码进行必要的形式化,使之变成"内部关系的纯粹系统",这种做法导致符号学把代码变成自主之物,进而推广代码的使用。但是,一方面,代码的存在不是传播行为的一个必要条件,正如我们从雕刻形象、绘画形象以及所有传播(哪怕是口语传播)所附带的非口语标识(手势、体态、语调等均能生产意义)中所能看到的那

---

① 马肖(Guillaume de Machaut,1300—1377),法国中世纪作曲家、诗人。
② Paul Zumthor, *La Lettre et la voix*, Paris, Le Seuil, 1977, p.123. ——原注

样：代码不是全部。另一方面，符号要进入行动（符号的可操作性）取决于符号的存储，或者取决于记录的物质手段：代码没有垄断意义的权力。

8. 形态的力量

符号学转向被成功介绍为"从**什么**到**如何**"。我们可不要把媒介学转向变成一个对**什么**——**如何**的物质条件——的简单回归，对被"碑铭体"掩盖了的基石的简单回归。如此摆正天平，似乎有些天真。确实，研究书面语的历史学家们一般不会把符号系统与载体物理相分离。黏土通过刻画工具来引领楔形文字（用剪刀或斜边凿来画曲线是一件难事）。相反，作为植物载体的莎草纸接受削尖的芦苇，并因此而推进了最小的简化系统，尤其是推进了小写字母的发展。同一句格言既被用拉丁文刻在罗马某个公众场所的某块巨石之上供众人阅读，又出现在西塞罗一封亲笔信中的拐角。这两种情况会得到不同的阐释，这一点，每个人都想得到，并不需要重新回顾石头→黏土→莎草纸→羊皮纸→纸→屏幕这个演变过程。同样，一个文本的意义并不仅仅存在于它的字符之中。如果"形式即意义"（目录学家 D. F. 麦肯锡所说的"form is meaning"），那是因为材料并非无关紧要。对字体、开本、拼版、词间距以及纸质的选择同样具有触觉或视觉上的意义效果，而且这些图形优先得到被人阅读的社会地位（也就优先得到读者的反应）。当今的学者在电脑屏幕上远程查阅一份被数字化传输虚拟了的、脱离了载体、失去了原来的开本尺寸、离开了自身背景的文献时，很有可能会以一种不合时宜的方式将它解码。同一篇文章放在第十三版，就不可能像在头版一样，得到同样的解读；同一个 17 世纪的文本用四开本和用十二开本也会得到不同的解读。同一首诗歌根据它是否配有页边距和空白处而具有不同的美学共鸣。同一张照片在占据小报四分之一页面大小时与被印刷成 4 米×3 米大小的广告时具有霄壤之别。未来的电子图书馆会不会通过抛弃档案的物质存储而创造出一种新型的研究者、一种忘记物质的学者形象?

这些对形态的安排是**讯息本身的组成单位**。在符号学抽象的严密性之中存在着一种倾向:背负起古时那种物质世界与精神世界之间的分割。对符号学而言,结构的更新属于**内部研究**,对背景和存取条件的观察则属于**外部研究**。物质外表与内部语义之间的界限是否成立,全在于此。人们已经发现,一个时代的思想既存在于这个时代的物品之中,也存在于这个时代的作品之中;既存在于我们的手里,也存在于我们的脑中。是时候从这个发现中提取所有可能的认识论结果了。我们的吸尘器、汽车、电话和牙刷中都有思想的存在;我们的符号财产中也有物质的存在。本世纪末的时代精神显露于对洗手间的设计之中,也显露于书店的橱窗之中。设计者们说,我们的浴室似乎在 70 年代初改变了灵魂(不再是人们把自己锁起来秘密洗浴的那个昏暗的房间),也就是弗洛伊德经典进入我们日常生活的那个时候,是某些分析家和某些分析开始觊觎社保的时候(**这**不再是耻辱)。是否应该因此下这样一个结论:那些为我们设计家具的人上过拉康的课?

正如环境有才华,载体也有思想,甚至越来越有思想,这是工业化中一个显著的事实。在这里,我们应该像弗朗索瓦·达戈涅这样的材料学家一样,重新对结构、合金和塑料进行有理有据的赞美。达戈涅指出,在造型创作中,"思想萌发于物质,而不是物质向思想低头"(雕刻家塞萨尔[①]不会对此提出异议)。(长久以来凭借本能来实践"媒介即讯息"的)艺术家们一般总是走在前列,这些沉默的预言者值得我们信任。如今那些造型艺术家的物质主义如同工业艺术的物质主义一样,以自己的方式证明:随着思想的物质化,物质逐渐思想化(或者倒过来)。原来的那些符号载体是没有活力的,如一张纸一样静止不动。感光胶卷

---

① 塞萨尔(Baldaccini César,1921—1998),法国雕刻家。

已经知道如何保存和积累视觉痕迹，电磁载体对有声痕迹也是如此。硅、镓、砷在这些已知的特性之上又加上了首创精神。① 信息化屏幕则是一种生机勃勃、互动热情的载体，它将和电子书一起，改变我们的阅读方式、书写方式和创造方式。简言之，一块硅芯片可以震撼"话语的秩序"。

对书面语和语史学家有用的东西当然更加有用于形象和符号学家。最好的"电影叙事的横组合学"也许不该让自己也不该让我们省略对取景、放映和传播设备的前期研究。确实，从壁画到虚拟影像，视觉再现不可能听凭自己被同一种单一话语所掌控。但愿杰出的视觉符号学不要过于掩盖对工艺的研究，比如生产工序，幻灯的种种变形，或者不同记录设备的变形——电视电影播送机（电影→电视）、电视节目录像机（电视→电影）、磁带录像机以及16mm同步带、车载电视，等等。尤其是对于动画影像，最明智的做法不是从意义下降到制造，而是从意义上升到制造。

技术阶段一旦蒸发或几乎雾化的时候，我们也许能够获得一个轻盈、灵活和殷勤的介质。"渠道"就是以这种方式变成简单的代码矢量，变成讯息的传播者。"渠道"不再是一种操作模式（modus operandi）；它的"使用者"可以用它来随心所欲地中转任何他们想要中转的东西（而不是"渠道"能够容忍的东西），这些东西既不会发生破损，也不会产生特别的变形。这种情况有时会把符号学家变成一个活泼的、报告现代社会喜讯的使者。他带来的只有好消息，对从事文学的那帮人来说尤其如此："不要担心，一切都会顺利的。"② 媒体行业可以希望从中得到理想的话语类型（大家在同一条船上，符号的太阳之下没有任何新鲜

---

① 见弗朗索瓦·达戈涅《发明的材料》（*La Matière de l'invention*, Centre Pompidou, Collection Inventaire, Paris, 1979）的前言，以及他的《今日艺术：从艺术物品到物品艺术》（*Pour l'art d'aujourd'hui. De l'objet de l'art à l'art de l'objet*, Paris, Dis voir, 1992）。——原注

② Umberto Eco, «N'ayez pas peur de la télévision», *Le Nouvel Observateur*, 2 septembre 1983.——原注

事)。作为补充器官的介质证实了这样一个光辉的成见(自哲学产生之始便是如此):人是人自己的中心,是工具的主人,也是自然的主人。不管是在价值体系还是在大学课程里,古老的阶级划分都巧妙地得到了肯定。从古至今,自由艺术与机械艺术泾渭分明:前者以言语作为对象,后者则与器材有关。与这种区分相对应的,是**标准**学科与**描述性**学科之间的对立:前者安排符号的秘密语法,后者关注物理或形态——古文字学、碑铭学、文本发生学,等等。不久之前,文献学院在索邦大学还占据着一个次要和秘密的位置,这个位置是否早就习惯了把两种人——那些(卑微的)对词语的历时物质性进行研究的人,那些(高尚的)对代码的共时性进行研究的人——分开的做法?

在坚持"语言没有作者"的同时,符号学家继续全身心地致力于使意义成为某种主导意识的附庸。语言偏离了中心,言语却重新使意义以陈述行为的主体——自觉自由的主体——为中心。从目光上来讲,媒介学家甚至无法得到任何哥白尼式革命所具有的威望,因为他既不移动也不颠倒符号世界的重心(使之从近处移至远处)。媒介学家满足于指出**各种**机器的存在(而不是大写的机器的存在),满足于指出这些机器具有传染性(但不具有至高无上和超自然的性质)。符号学家说:"技术传播具有匿名的神圣性,面对这种神圣我们可以这样回答,'让我们的意愿而不是你们的意愿达成。'"(艾柯)。喜忧参半的媒介学家在面对介质时则发出一种比较阴沉的请求:"让我们在你的目的和我们的要求之间寻找一种尽可能不那么糟糕的协议。"人们玩弄代码,不玩弄机器。在文字游戏带来的狂喜中,信仰能指的信徒们终于找回先前在语言秩序中失去的尊严。他们可以说,我们不再是神,因为游戏规则不由我们来发明,但我们仍旧是半个神,没错,因为这些规则对我们而言是透明的,能为我们所掌握。媒介学家不得不谦虚一点,他甚至会犹豫该不该同意"用途造就传播"这样一个被米歇尔·德·塞托①精妙阐释过

---

① 米歇尔·德·塞托(Michel de Certeau,1925—1986),法国哲学家、历史学家。

的观点,犹豫该不该像《实践的艺术》(Arts de faire)的作者那样,劲头十足地歌颂自由电台的创造性、修补行为的自发生命力以及顽强生存下来的地方菜。媒介学家也许也会把五颜六色、难以攻陷的"民俗文化"和清一色的"大众文化"区分开来,但他会提醒自己:不要试图从"民俗文化"中看到万无一失的拯救途径,或者看到"一"被"多"颠覆的希望。他并不向大型技术系统低头,但他知道,信仰、认知和行动的主体跟他有着密切的关系,也知道,我们可以使"硬"变"软",而不是奴役"硬"。要想控制信息的内容,单单用法律来控制网络是不够的。打一个好笑的比方:要是法国的革命共产主义者同盟在大选的第二天接手电视一台,那阿兰·克里维纳①先生将很快变成布伊格②父子那样的人。

带来这样一个坏消息的使者不会被喝彩声冲昏头脑,即便这世上存在使人消沉的乐观主义和使人振作的悲观主义。

---

① 阿兰·克里维纳(Alain Krivine,1941—),法国革命共产主义者同盟的创党领袖之一,曾代表该党参加总统大选。
② 法国布伊格集团(Bouygues),旗下业务广泛,法国电视一台为该集团的子公司。

Ⅲ 哲学经历

也许你们会认为,我具有指导**哲学**研究的资格。若真如此,我将十分感动,要知道,在媒介学工厂里工作的人,他们的工作环境是一个声名狼藉甚而肮脏不堪的角落:他们是哲学城邦里的无产者。我很晚才知道,为什么对宗教史的媒介学观察不能引起宗教历史学家的兴趣,为什么艺术史领域认为自己不需要重新考察它们那个短浅、幼稚、想当然的"艺术"概念,为什么研究政治科学的专家认为自己与研究国家、政党或学说的媒介学无关。就哲学而言,我无法阻止自己这样想:学术期刊的短见,被它们吸引而来的评论者的"不予置评",都反映出了一种集体失明或先天性失明,少数几个大师除外。被媒介学当作理论问题来建立的东西,天赋观念论式的哲学派系却把它看作一个无聊的后勤问题。既然思想的实用性是我们最喜欢忽视的东西,我们那些糟糕的客体就是一些概念上的非客体。谁要是寻找"间""从""经由""与"这些下策,这些逻各斯残余,那他就是在翻思想的垃圾桶。他本来就不是天之子,如今更要经受**动词**对副词、名词对介词、起源对变化的那种蔑视。① 他可以这样想:如此多的冷漠意味着抵赖(也许有一天我们需要对某些理

---

① "传统的哲学用名词或动词来说话,而不是用关系词。所以,它总是来自一个神圣的、普照大地的太阳,来自一个将在终于有了名字的历史中发展的开端……"(Michel Serres, *Eclairecissements*, Paris, François Bouvin, 1992, p. 150)。——原注

性系统进行精神分析,从而揭露出每个人身上特有的对媒介学的抑制)。

1. "为何我们仍是信徒"

在我们看来,启蒙时代是使古典理性无视自身工具的罪魁祸首。启蒙时代把超逻辑的实际媒介行为变成了存在与客体之伟大哲学的炮灰。世上最古老的火炬——太阳神——它的另一个名字不就是"真理的火炬"吗？理性是**光明**,而一切光明均来自上帝、朱庇特或天主。对亚略巴古的丢尼修①这样的人而言,上帝确切来说是一个炽热的光源,创造万物就等于散播来自这个中心太阳的光明。上帝与生灵之间的光辉延续是一个古老的主题,罪人也可以享受神圣的光荣。最初的逻各斯的光明之中允许这里那里有驿站——天使、使徒或者神学家——的存在,但非物质放射以直线的形式穿越这些使者,就像穿越没有对射视差的透明玻璃一样,或者如同圣灵借助预言者之口,真理借助孩童之口一样:不存在翻译带来的损失。神圣的讯息之中没有任何会迷失或消逝的东西。我们可以像加尔文派的教徒一样,强调创造物与至高无上的上帝之间的不可类比性,同时又不歪曲上帝与人之间所具有的共性,因为两者被同一种光亮从内部联系了起来,这种光亮能把正面的大光明一直散播到奥古斯丁学说意识的小光明之中。正如进步是那些不相信**天意**的人眼中的**天意**,大写的理性也许曾是那些不再相信上帝-光明之人的安慰女神。知识在宗教和神话里沉睡——所以神学才具有纯粹实践意义上的价值。但是,我们的知识里不是也包含着许多神话吗？所有的哲学家心里都住着一个神智学者,这一点从来没有人说出口,因

---

① 亚略巴古的丢尼修(Denys l'Aéropagite),希腊雅典人,约生活于公元 1 世纪,是亚略巴古城的法官,后成为基督徒。

为作为实体的理性是一个变了味的神话,是理性和认知研究带来的大众影响:认知被认为是对感性的超越,理性被认为是一项追赶绝对的"永久任务"。但是,每个人都知道,现代社会开始之初,人们并没有割断科学研究与神秘主义传统之间的桥梁——就连牛顿与他对炼金术的痴迷也是如此——也没有割断光明派教义与我们的启蒙运动之间的桥梁。

视觉隐喻从自身的希腊词源开始便把思想钉在了可视形态之上,把知识钉在了视觉之上,视觉(与味觉、触觉或嗅觉相反)天生具有理论意义,因为它脱离了一切物质。即使关于视觉的古老理论把视觉变成了眼睛对物体的远程触摸,把一切感知变成了两束方向相反的光线之间的相遇,直线仍是唯一标准。但是,一切光线在穿越某一环境时都会发生折射或反射,造成思想的扭曲。因此,我们有必要拿走感知与感知对象之间的一切。所谓解释,就是指挖去一切位于中间的事物,通过或多或少的艰苦努力得到真相,找回直线。所谓直觉,就是直接观察对象。也许"纯粹目光"是对自找苦吃——自下而上的辩证法、思想的转变、对方法的疑惑——的一种奖赏与加冕。但是,光明仍然是理想的指导者、纠正者和管理者,它是理性尤其是以教育为目的的理性的官方标志。不管理想主义解释有怎样的先决困难,关于光线、揭示甚至目眩的终极隐喻所指向的,仍然是一种与共同生产截然不同的东西。

普通的价值阶梯从亮下降到暗——尼采所说的"黑人",弗洛伊德的"黑泥"——在这个阶梯上,只有向着光明往上走(因为目光之火会在黑暗中熄灭),克服障碍物与过滤网,才能得到拯救。要是没有中介,人与思想之间的即时互通会更加容易。神秘学说以及关于拯救的世俗学说认为,只有一小撮人能够直接进入**光源**,基督教却通过圣经的公开传授而把这种特权赠予所有的人——所以基督教引起了一场革命。基督教安排了一条通往太阳的共同道路,也许正因如此,它使难解的奥秘得到了大众化。也许启蒙运动使这样的解锁行为更上了一层楼,因为启蒙运动打破了钳制真理的紧身衣。真正被亵渎的是真理的内容,而不是真理的神殿和进入神殿的方式,人们自觉地认为:成功揭开面纱便是进入神殿的方式。伏尔泰的**理性**赶走了偏见,正如白昼的光明赶走黑暗。虽然,或者说正是因为人们比喻中的黎明总是明日复明日,所以这个比喻令人兴奋,为神圣理性主义注入了一种美丽而执着的纯朴:哪一种蒙昧主义能抵抗太阳的升起?哪一个阿亚图拉①能抵抗几何书?哪一场战争能抵抗住学校?真实超越了发现真实的方法,超越了领土之争;它把真理变得内在化,变成内在于真理的一种光明。可以自由使用,没有故障也没有外来障碍,把一切整体——代码、公众与渠道——献给懂得思考的人,这就等于永动:不靠道路的发送,或者不靠运输工具的运输。太阳、上帝、理性:这是三个关于真理之自我建立的比喻,它们勾勒出一种媒介学上的叠相渐变(用孔德的话来讲就是,穿越神学时代、形而上学时代和实证时代)。

我们看到,对光线的隐喻让我们免去思考的所有东西。光线有一些神奇的美德:无偿、干净、非物质、简单、直接、几近即时的。没有渐弱也没有偏斜。没有杂音也没有干扰。没有延迟也没有往复。传播的物质系统必然会对信息造成损坏,而光线中却没有"杂音",照明排除了变质的可能。理想主义式的传播对内容没有任何影响。总之,光线能够避开熵。在这世上一切都是有偿的,除了阳光。发送时有多少光子,接收时仍有多少光子。相反,要是今天在巴黎"我发送"出三百张印制的纸张,一年以后我再回到当初的发送区域,最可能发生的情况是,这些纸已经几乎消失在一个黑洞里(图书馆的目录),或者在经过视频圈这个那个口袋的流通、中转和吸收之后,它们已经失去了十分之九的语义负荷。任何一个"有新书出版"的作者都可以在一个月的时间里经历这种情况,新闻媒体的接手等于背叛(新老不分、断章取义、陈词滥调、一刀切,等等),但是,没有接手就等于无效。不管在何种情况下,最初的能量在经过媒体界时都会有所损耗,不是完全损耗就是部分损耗。

---

① 伊斯兰教的长老。

最理想的照射其实是一视同仁的照射,平均分布在全部的地面之上,不管它照的是穷人还是富人,祖鲁人还是说英语的人,它(在人类心理镜面上)的反射率都是相同的。这种同质性中和了国家与阶级,有利于创造一个没有身份头衔的传播空间,一个没有意外起伏的苍穹。正因如此,这个苍穹才能成为宽松的、通用的世界。逻各斯中心主义有意忽视人们的精神图景和技术科学背景,因此它和符号的光线传播是天造地设的一对。

也许有一天,会有人在我们的形而上传统中追踪阳光的痕迹,从柏拉图的洞穴一直追踪到创造弗雷内教学法的弗雷内。① 神秘主义隐喻的语义机制是在古典时期的尾声、在费奈隆和伏尔泰之间开始动摇的。那个时候,王权降低为智力,仿佛启蒙运动的现代性改变了光明的用途。17 世纪末的法国,人们不再用太阳这个象征来代表法国的君主(上帝的副手),而是用君主本人的面貌来代表。这种情况很快就得到了补偿,就好像有连通器在起作用:人们用太阳来代表**理性**,它向四周投去不可战胜的道道光线,在所有的领域中,它借助于活字印刷术,以字母与图表、数字与插图的方式来显示自己的光辉灿烂。从神圣到凡俗,从表面上来看,这种质的变化似乎并不损害真理发送者与真理接收者之间的波长的本义,而自然光线这个例子也恰恰允许人们使用这个丐词(pétition de principe)。如果上帝确实存在,如果亚当是上帝的创造物,那么上帝与上帝之子就处于自发的共振状态。天堂里不需要翻译也不需要词典,亚当和夏娃说着与他们的创造者一样的语言。偏见与生理需要或多或少地遮掩了知性,但是,原罪和巴别塔不能阻止自然光线重新把知性放置于亲缘之路上,这种亲缘关系虽已失去,却不可抹杀。因此,即便舍弃了一个人化的神或者一个斯宾诺莎式的超验原则,

---

① 娜宁·沙博内尔(Nanine Charbonnel)仔细查阅了浩瀚的资料,对建立欧洲身份的种种"仿佛"进行了除垢式的重新审视(隐喻与模式研究中心)。见三卷本 *La Tache aveugle* : *Les aventures de la métaphore* ; *L'important, c'est d'être propre*; *Philosophie du modèle*, Presses Universitaires de Strasbourg, 1993。——原注

泰然乐观的理性主义也总是难以思考虚假之物的实证性（斯宾诺莎："错误只能存在于知识的缺失之中"），反而在假设善与真的作用时十分自如（"善行自远传"［omne bonum est diffusivum sui］）。真实这一概念本身就包含着区别与推广（"真理是检验它自身和谬误的试金石"［Verum index sui et falsi］）。在上天的佑护之下，或者在没有上天的佑护之时，人类思想这种既无同盟也无假器的王权在某种程度上具有这样一种能力：不需材料也能成形。这是一种本体论能力，从前为上帝所特有，后来被大度地降格给与上帝同等的概念。我们不会给阳光配备什么仪器，而是扫除四周的障碍，给它一个清爽的环境。为了让洞穴里的学生能够把他们的注意力和脑袋转到正确的方向，老师一定要拿走所有遮挡视线的东西：迷信的重幕，机器的虚幻诱惑（比如修道院院长苏热，他想拆除圣德尼大教堂里的一些承重墙，好让光线畅通无阻地进入大殿，也就是让上帝畅通无阻地进入人的心灵）。

　　人们哀叹"技术使世界失去人性"。我们是否过早地把这种哀叹定性为了"人文主义"？确切来说，技术挡在了大自然与我们之间或者我们与我们的过去之间（柏拉图式的灵魂与自己的对话），从而消除了神性，戳破了幻想，遮住了光明，弄脏了环境。从书写到机器，一切挡道的事物都拖延或阻止了知与物的符合（adaequatio rei et intellectus），其中包括修辞、口才与诗学这些多余和欺骗性质的东西。整平符号，刁难驿站，压缩渠道——也许这就是"真"的理想主义所默认的口号。

　　这样的看法当然过于鲁莽。我以上所讲的是特例，而且这些特例确实不容小觑。虽然（或者说正因为）柏拉图反感他那个时代所出现的新介质，他身上难道就没有媒介学家的影子吗？关于书写的媒介学，《斐德罗篇》里的特乌斯神话①也许为我们提供了最著名也最模棱两可

---

① 柏拉图的《斐德罗篇》里一个关于上埃及法老塔姆斯的故事。特乌斯神在塔姆斯面前炫耀他发明的文字，称文字将提升埃及人的智慧，强化他们的记忆。塔姆斯却认为，识字的人可能会过度依赖文字，人们以为他们知识广博，实际上他们多半无知，甚至会成为社会的负担。

的一个分析——埃斯库勒斯笔下的宙斯惩罚普罗米修斯,因为后者把该死的字母表和火一起送给了人类——书写是一种危险的媒介行为,更确切地说,是矛盾的、"有药用价值的"媒介行为。机械对逻辑的理论从属(在几何学里),人们对物质技术的蔑视,这两者也许促进了古希腊社会对智力技巧的关注。亚里士多德在他的《工具论》(Organon)旁边精心建立了一种自治的修辞学,介于逻辑和诡辩术的正中。这一事实说明,哲学本身也重视起说服技巧来。但是,我们应该关注的显然是黑格尔,以及所有那些他给我们留下的媒介史诗:美学的、逻辑的、历史的、哲学的。"外我"是变化中的人的本质,是思想成为他者的悲剧。思想把媒介行为看作一种撕裂,这种撕裂包含在对"普遍"的定义之中。① 尤其是意识在书写痕迹中的外我,它被赋予了一种遗传力量,是客观历史、国家和法律所具有的那种力量。但是,黑格尔思想的义务和命运在于克服一切媒介行为,以便能够重新回到自我,不管在何处都感觉是在自己家里一样。所以,媒介行为的价值刻度随着它们的非物质性的增长而增长。黑格尔的《美学》让我们从埃及金字塔厚实的外部空间过渡到古典绘画的内在化空间,再过渡到浪漫主义诗歌的内部时间。同样,在符号的漂流或"智力的再现"中,《百科全书》使我们从象形文字(沉重的空间形象)上升到字母书写(符号之符号),再上升到"有声语言"(声音作为思想的精神因素在时间中展开)。② 于是,听觉之于视觉,有如诗歌之于绘画:因为拔除了物质而成为通向崇高的杠杆。最后,我们知道,胡塞尔是怎样在《几何学的起源》(L'Origine de la géométrie)一书中重新为记录技术正名,认为它是科学理想性的可能条件。我们也知道,雅克·德里达如何由此出发,耐心地推翻了有关存在与声音的形而

---

① Bernard Bourgeois, *La Pensée politique de Hegel*, Paris, P.U.F., 1969.——原注

② Hegel, *Précis de l'encyclopédie des sciences philosophiques*, trad. Gibelin, Vrin, 1967, § 458. Jacques Derrida, «Le puits et la pyramide, introduction à la sémiologie de Hegel», *Marges de la philosophie*, Paris, Minuit, 1972.——原注

上假设,进而把痕迹中包含的难以逾越的媒介行为设为一个命题。于是,字母化的记录不再是逻各斯的全能女仆,不再是某一本质的外相,不再是某一内部的外部:某一本源的简单图形衍生,某一活语言的无生命补充。

2. 虚假的出口:历史唯物主义

上世纪的唯物主义本该让我们与那如太阳般直接的真理一刀两断。年轻的马克思不就让人对此心生希望吗? 在1845年的《德意志意识形态》(*L'Idéologie allemande*)一书中,他这样写道:"不同的哲学不过是以不同的方式来阐释世界而已,而如今最重要的是改造世界。"可惜,这条劝告没有能够正视自身的可能条件。哲学应该变成什么,才能改造哲学史以外的东西? 这种跃进需要怎样的媒介行为? 这是没有策略的目的论,没有概念的计划。伟大的马克思没有给出达到目的的方法。这是因为,从符号的效应来看,年轻的马克思生下来就是个老人。在他的田园牧歌里,他比巴尔扎克甚至狄德罗还要老。他是发出**光明**之人,而非发出**启蒙**之人。他似乎在思索理论的有效性,他所使用的是一种因为倒置而保留下来的斯宾诺莎式的框架:思想的秩序与事物的秩序严格对等。在斯宾诺莎那里,真思想是关于存在的思想,所以它只能从哪儿来便回哪儿去。马克思则认为,关于阶级斗争的真理论应该回到历史的驱动阶级,"和那些主宰大自然变化的法则一样必要"。历史的进程是自我反射的:它的被动合成属于理论性质,它的主动合成属于实践性质。这种镜面结构形成一个巧妙的圆圈,被简洁地归纳为一句经典名言:"没有革命理论就没有革命运动,没有革命运动就没有革命理论。"正如列宁所说的那样:"马克思主义是万能的,因为它是真理。"马克思主义若不在历史中发生就不会成为一门关于历史的科学;马克思主义若不是一门关于历史的科学就不会在历史中发生。就这样,理想主义宿命论在几乎一个世纪的时间里滋养了无数的唯物主义同语反复,比如:"马列主义哲学**代表**理论中的无产阶级斗争,无产阶级斗争**代表**理论中的马列主义哲学。"或者:"原则上,真思想总是为人民服务,错误的思想总是为人民的敌人服务。"这句话可不是出自圣托马斯或特蕾莎修女,而是出自阿尔都塞。这位哲学家是我的老师和朋友,他认为"马克思主义理论和工人运动的结合是整个人类历史上最大的事件"。这样说的时候,他并没有怎么重视导致这种神秘结合的那些偶然条件,比如,难懂的定理和罢工者的游行之间的互相渗透乍一看令人惊讶,但这种渗透意味着**代表**的一系列工具和矢量。据我所知,没有哪种严肃的马克思主义历史研究过马克思主义的历史,这种情况其实并非偶然,正如我在《眷写者》的《马克思主义的理想主义》(L'idéalisme marxiste)一章尤其是在《汽车实践》(Pratique automobile)一书中试图指出的那样,马克思主义无法把自己的体现看作横生枝节以外的东西,看作一种从自身向自身的回归,在这种回归中,从工人运动中发展出来的文化、政治和技术媒介行为说明:本质要想与现象和解,必须经过怎样的轨迹;要让自己成为时事,又必须经过怎样的期限。马克思幻想过一个没有知识分子也没有工党要员的世界,一个没有影像也没有崇拜的世界,用他的话来说,在这个世界里,他的思想本该能够通过抓住大众而成为"物质力量",而不是贬值成为"马克思主义"(对于国际工人组织里那些最初的马克思追随者而言,"马克思主义"是一个贬义词)。在这个世界里,没有巧合或物质偶然性的位置——从某种意义上来讲,和工程师的一项发明、轮转印刷机、铁路或者电报没什么两样。理论声称自己了解历史的意义,对于能使自己现时现地被人了解的工具却毫不关心。然而,马克思的作品曾不得不——在竞争十分激烈的符号丛林里——为自己开辟一条乃至多条用于渗透的道路,在野兽中间生活并生存,为自己发明一些皈依网络,为推广自己而制造出一些支持手段(影像、标志、创始神话、圣徒式传记、仪式,等等)。换言之,制造某种传统,以一定数量的识别和互认手段(大会、纲要、支部、报刊、研究中心、研讨会,等等)为中心,使该传统具有**特殊传播界**的形式。只有进入这个交响乐团,才能成为马克思主义者。但是,乐谱里没有马克思主义者的位置,也没有教士阶层、万神殿、教堂与朝圣、祭司、陵墓和仪式的位置。可以这么说,所有的推广手段都被建党者流放到页脚,仿佛它们是一个只有下方那些专家——历史学家、专栏作家或行政管理人员——才会感兴趣的次要主题,对位于上游的理论也没有任何可能的追溯力。"拉丁文圣经"(vulgate)和"通俗马克思主义"这些词在马克思思想研究者眼中不是具有贬义吗?基督教为奥体(corp mystique)、权威的特殊传播、普通宗教教育与传教士守则、礼拜仪式以及护教论下了命题,也就是为自己想象中和体制中有关降临的矢量下了命题,正如它把《圣经》正式建设成为教规一样。马克思主义也是一种宗教,一种因为无意为之而更加自相矛盾的宗教。马克思主义的权力机构本没有想过吸纳信徒,也没有想过由此带来的一些限制。正因如此,这种野心勃勃的学说后来才得到某种消费实用主义的护航。这种常见的实用主义被称为"宣传鼓动",对此,柴克霍汀①在1949年出版的《政治宣传对大众的强奸》(*Le Viol des foules par la propagande politique*)一书不失为一次幼稚而具有征兆性的概述。可惜马克思没有更多地学习宗教史,否则他一定会知道:教会学决定神学。他也许会接受死后人们对他的神化,即便这种神化过于仓促,即便他本人并不希望如此。印度的阿育王在佛身后三百年才开始建立佛教。佛本是一个宣扬无神论的智者,大乘教却在他死后把他变成了神。一般来说,在人们的想法中,神总是在智者之上,所以,为了让那些信奉不可知论的智者变得人尽皆知,人们就将他们神化。

事实上,这种哲学唯物主义是最没有"物质主义"的。也许,思想的背后确实存在客观的力量与赌注。也许意识形态上的论战具有物质力

---

① 柴克霍汀(Serge Tchakhotine, 1883—1973),俄裔德籍微生物学家、社会学家。

量对比的形式。但是,这种物质性是包含思想争辩的社会关系的物质性,而不是思想本身的传播和吸纳模式所具有的那种物质性。思想存在于大脑中,而不是存在于物质中。马克思遵守主体与客体、复制与生产之间的楚河汉界。有大事发生的地方就有物质:生产和下层建筑。上层建筑里,有话语、形式和思想存在的地方,机器和设备就会消失。至少在整体概念里是如此,因为在学说的边缘,马克思这个杰出的记者在诸如希腊艺术与希腊神话等方面是个富有经验的媒介学家:"作为希腊人想象力之基础的自然直觉和社会关系是否与纺织机、火车头和电报相容?伏尔甘①在罗伯茨公司②的相比较之下还能代表什么?朱庇特在避雷针、赫尔墨斯在动产信用公司的相比较之下还能代表什么?[……]法玛③在面对印刷所广场(《泰晤士报》的编辑部所在地)时会如何?"④又或者:"我们直到今天都以为,天主教神话之所以能够在罗马帝国时期产生,那是因为当时大家还不知道印刷术的存在。事实根本不是如此。日报和电报将新发明即时传播至全球各个角落,它们在一日之内制造出的神话比从前人们在一个世纪之内所能创造的还要多。"⑤但是,正如邦弗尼斯特⑥认为实验主义者把某些类型的语言当成了某些类型的思想,从理论上来讲,马克思主义者并不知道他把高炉升华成了无产阶级,把某份日报的读者或者《共产主义月刊》的订阅者升华成了"工人阶级的先进分子",把某种解读大众书本知识的能力升华成了"对剥削的认识",把某些以印刷品和纸质载体的优势为基础的组织渠道(平民大学、培训手册、支部图书馆、为已出版的论点和纲要而进

---

① 古罗马神话中的火与锻冶之神。
② 罗伯茨公司(Robert and Company),19世纪英国曼彻斯特一家著名的机器制造公司。
③ 古罗马神话中的传闻女神,善于迅速传播消息和流言。
④ Introduction à L'Esquisse d'une critique de l'économie politique (1857), in Marx, Engels, Etudes philosophiques, Paris, Editions sociales, 1974。这句话具有典型的进化论背景。——原注
⑤ 1871年7月27日致库格曼(L. Kugelmann)的信。——原注
⑥ 邦弗尼斯特(Emile Benveniste,1902—1976),法国印欧语系语言学家。

行的大会讨论、马克思主义作品学习周、作为"集体组织者"的工人阶级报纸,等等)升华成了"理论与实践的结合"。从远处来看,从我们所在之处来看,先进工人和党员知识分子的救赎者形象宛如一些印记,被技术之河飞快地放在阶级社会的大地上。

在《普通媒介学教程》一书中,我已经试过描绘社会主义在其不同的分支中所占据的生态角落。因为图文圈这一概念,铅的世纪有了一种心智统一性。关于铅的世纪,我指的是活字、排版和莱诺铸排机。没有人能脱离他所在的时代。在机械时代(人类肌肉系统的延伸)与动力时代(自然力量系统的延伸)的转折点上,马克思写下了不少文字。而我们现在正处于第二个转折点上,介于生产事件的机器与生产信息的机器(神经系统的延伸)之间。所以,我们不可以指责马克思及其追随者忽视了他们的解放计划中所存在的媒介学基础(我们也许也忽视了我们的基础)。我们只能哀叹这种物质理想主义让人提不起对追溯时间顺序的兴趣,比如,把第一国际的诞生(1864)与轮转印刷机的发明(1860)联系起来,或者把法国的教育同盟(1866)、《小报》(*Petit Journal*)的飞速发展(发行量从1859年的五万份发展到1869年的六十万份)与马力诺尼(Marinoni)发明的轮转印刷机和跨大西洋电缆的架设(1866)联系起来。为了进入集体记忆,文字技术规定了一种固定的资格(阅读/书写、解码/编码),以及一整套经过挑选的技能。同理,为了建立一个党派,人们先创办一份报纸,让它成为政治先锋的基地和家园。这种模具和这种模式——旧式报纸是写手们的集合,"待付印"是印刷与知识分子之间的连字符和碰头点——在那个时候显得自然又永恒,具有自然的永恒性。但是,正如贝尔纳·斯蒂格勒所指出的那样,模拟记忆(照片、留声机、电影、广播、电视)——姑且不提数字化记忆——使形势发生了剧烈的改变:它们不再需要专门的资格便能进入档案,它们把编码和解码委托给了机器,使信息相对于知识具有了一定的优势(资料相对于评论具有优势,事件相对于时长具有优势,等等)。它们使知识"去集体化",同时使知识集体(其中包括工党这种理应成为

"集体知识分子"的集体)发生雾化和迁移。

从原则上来讲,看信的人能写信,收信的人能发信。但是,看电视的人可没有自己的发射器,收到电视节目的人不能自己也生产一个节目作为回报。"记忆的工业化"(斯蒂格勒)使输入设备与接收设备相分离,因此不可能不影响到那些越来越被动和分散的个人在作为普通公民或积极分子时所受到的牵连。图书馆向多媒体馆的转变(打个比方)带来了"成分"的变化,马克思主义文化没能经受住这一变化,正如工业无产阶级没能经受住钢铁向聚合物的过渡、内燃机向微处理器的过渡一样。光明的信念蒙住了历史参与者们的眼睛,让他们看不见自己所处的技术领域,也看不见该领域的消失所带来的后果。

从实质上来讲,马克思这个既没有想到媒介行为(党派)和媒介者(干部)也没有想到阶层(比如知识分子阶层)和(传播)工具的思想巨人是理论学家中最没有政治觉悟的一个。这种具有动员作用的"主义"有朝一日将对好几亿人产生影响,也会在自己的巅峰时期,在某些落后国家和前资本主义国家,给几亿人注入无与伦比的活力。我想,对于这种影响,《资本论》的作者自己也无法解释。一旦人们把意识形态变成一个投影游戏,意识形态这个发动机就成了一个谜。像"宗教是人民的鸦片"这样的口号,不正说明了两种令人感到遗憾的无知吗?首先是对鸦片吸食者的无知,其次是对僧侣战士的无知。要是马克思多游历一下世界,他可能就会知道,吸鸦片的人放下武器,平躺下来:完全失去活力。相反,那些把自己全身心献给上帝的人却想要让别人分享他们的活力:一种特有的甚至是天生的亢进。一般来说,宗教信仰是一付兴奋剂,而使人昏昏欲睡的罂粟则是一付镇静剂。从前的圣殿骑士团,如今的真主党或穆斯林兄弟会,它们与中国鸦片烟馆里那些骨瘦如柴、吞云吐雾的人之间没有什么具体的相似之处。

我们反对对万能思想的理想主义信仰,这种反对本身也具有理想主义的性质,但我们不能认为它毫无用处。马克思主义仍然是一道必要的栏杆,对我们这些符号生产者尤其如此,因为我们总是企图模仿寓言中的那些公鸡:每天早晨它们都站在自己的粪堆上,幻想是自己的打鸣声让太阳升起。我们都听过那首歌,歌中唱道:"人们的堕落全是卢梭的过错。"古拉格存在于《资本论》中,正如 68 年 5 月存在于马尔库塞①之中;索尔仁尼琴万岁,他是杀死共产主义之龙的圣米歇尔。为了抵制"思想领导世界"这种过于简单的想法,我们不如时不时地提醒自己:意识形态是"以思想形式出现的支配性物质关系"。从这个角度来看,16 世纪的新教异端不是任何事物的源泉:它只是表现了资产阶级的萌芽。"主义"补充说道,所谓意识形态幻觉,就是把果当成因:断言思想内部存在着力量,而实际上这种力量是由外部的巨大历史力量借给思想的。所以,思想运动本身并没有什么原理可言,只有那些被思想运动遮住双眼的空想理论家才会认为有原理的存在。对此,媒介学家可以回答说:是的,这样的思想并非实践的操作者,但这样的思想根本就不存在。任何社会思想都是一种用于斗争的装置,有环境才有效应。"思想是主观决定,它存在于每一个个体的头脑中",马克思主义轻信了这种理想主义定义,它不明白意识形态的语料库不能脱离那种庇护、曾经生产并正在生产这种语料库的体制。简言之,用马克思的语言来说,就是不明白思想过程具有**组织过程的客观物质性**。新教邪说并非首先产生于信徒的头脑中而后生产出牧师、教堂、教务会议、日内瓦和火刑,而是一开始就得到了这些集体组织行为的授权:两个阶段其实只是一个阶段。

负责预告的人叫作"先知",负责总结的人叫作"智者"。前者把自己的语言推向前,大声告诉别人应该怎么存在,他满足于主体与主体之间的关系。后者不以人类的未来为己任,他陈述当下的存在,描绘客体与客体之间的关系。在马克思身上,记者比经济学家更为深刻,但是先知却把自己当成了智者(他同时也是智者),他更加关注自然科学而不

---

① 赫伯特·马尔库塞(Herbert Marcuse,1898—1979),德国哲学家、社会学家,法兰克福学派的主要代表。

是社会科学(他是达尔文的有力对手)。科学不认识什么"主义",也从来不以某一个开创者为参考。马克思高声宣扬自己不是马克思主义者,这很符合逻辑。结果是,实用媒介学背着马克思偷偷生下了他的孩子——马克思主义。被压抑之物的卷土重来让我们看到了"传送带"的辛酸复仇。

我之所以在此重提这个大家已烂熟于心的故事,不仅仅是因为这个故事为我这一代人所有从而也为我所有。我曾是一名马克思主义者,虽然并不是马克思思想研究者(marxologue)。到了1968年,当马克思主义思想传统无法再具体回答我们的"国民问题"时,我猛地发现了这个"国民问题",但悲剧性的是,首先是我的那些战友猛地发现了它。这个故事更多地启发我写出了《政治理性批评或宗教的无意识》,而不是写出这里用于申请博导资格的文章。所以,让我们把它放到一边。但是,我要提一下那时的主导思想,这是因为,我之所以被迫进入概念的流放,是因为在70年代时我没有回顾马克思的真正思想,而是直截了当地、平淡无奇地、经验式地回顾了国家或政党与某一从未关心过国家和政党的理论之间所能建立起的关系类型。我在一种不着眼于历史的历史理论中发现了一个令人难以置信的漏洞——如达尼埃尔·林登贝格①所说的"难觅的马克思主义"——这促使我去别的地方采蜜。我不能再做一个终身致力于让影子之口说话的教士,无止尽地评论一个晦涩又封闭的语料库。"什么都说了,什么都没说清楚?"不,说得很清楚,但关于媒介行为却什么都没说。正面提出媒介行为之动态问题的,是那些处在马克思主义边缘的人:马克思主义的表兄弟或分裂者、从事组织宣传这类卑微工作的政论家和积极分子。他们是像索莱尔斯②那样的哲学家,葛兰西那样的政治家,或者从侧面、从文化上类

---

① 达尼埃尔·林登贝格(Daniel Lindenberg,1940—),法国评论家、思想史学家、记者。
② 菲利普·索莱尔斯(Philippe Sollers,1936—),法国著名小说家、评论家、思想家。

似于本雅明①或布莱希特②。

3. 几处隐秘的源泉

　　大家看到:我们是在重要学说的边缘或侧厅找到我们的金矿的。这个金矿在使徒、文人和战略家眼中的愚民(vulgum pecus)中间——使用各种手段的人、无关紧要的配角、实践者。使徒(apôtre)等于书信(épître)——"apostolès"和"epistola"有相同的词源。使徒是圣灵的书信,是受圣灵委托发送上天讯息的人。相比救世主,使徒们更加熟悉**真理**的邮电部门。因为近水楼台,他们知道,对于圣灵来说,一封被收信人读到的短笺比一本躺在柜子深处的论著或概论更有用。这种明智的看法也许是最难成为世人共识的一种看法。③

　　耶稣是拯救的唯一媒介,但对于基督教而言,圣保罗是最好的媒介学家。正如列宁对于马克思主义一样。要是人们把"意识形态学家"看作真实之阐释系统的生产者、集体行动之目标的决定者、**战略**意义上使集体行动得以继续的力量的组织者、在实地指挥行动的领导者,那在某种程度上,媒介学长在了战略家身上,像是一种本能,而不是一种知识。

　　许多个世纪以来,媒介学以实践的状态存在,悬浮在成千个历史创

---

　　① 瓦尔特·本雅明(Walter Benjamin,1892—1940),德国著名哲学家、思想家、马克思主义文学批评家。

　　② 贝尔托特·布莱希特(Bertolt Brecht,1898—1956),德国戏剧家、评论家、诗人。

　　③ 在文人那里尤其如此。我遇见过许多这样的文人,一旦写完一篇以社会规划或以成为"一劳永逸解决问题之书"为目的的阐释性作品,他们就认为对作品思想的研究已经完结了,十分信任传统的"人之善是向外散发的"(这些人相对来说位于左边)。我们也认识其他一些处于对立面的人,这些人如此关心传播——发行、广告、营销,以致他们不怎么关心讯息的内容。我的左边是一些没有邮务员的优秀书简家,我的右边是一些携带空信封的邮递员:要让一封信和一个贴有邮票的信封天时地利地结合起来,简直比登天还难。——原注

造者和历史参与者的心中。统治者比被统治者更清楚：此事关乎他们的生死存亡。思考是部分经过思考的媒介学毛坯。自18世纪开始，思考的痕迹变得丰富，原因我们也看到了：在那之前，**光明**统治世界。启蒙时期产生了公众舆论和公民社会，从那开始，所谓的普及工具或泄露工具才得到了人们的正视。灵魂的踉跄，信仰的动摇：历史动荡时期（16世纪、17世纪、20世纪）总是比有序时期或太平时期更有利于符号工具的发展和研究。暴风雨肆虐之时，词语的力量更为突出；一个"某某之前"或"革命"的环境之所以与众不同，是因为思想的传导性变得更大。"三份报纸的反对声比一千把刺刀更可怕"：无法想象拿破仑的这句话从路易十五的嘴里说出来。在法国，媒介学直觉先是存在于权力者心中，然后才引起知识分子的担忧。而且，它首先在文人——历史学家、作家、诗人——而不是思想家那儿得到阐释。这里，观察至少比投机提前了两个世纪。

当米什莱把吉伦特派的书面文化与山岳派的口语文化对立起来时，我们很容易从他身上发现一些媒介学家的标志。在托克维尔那儿也是如此，他用整章整章的篇幅做了著名的论述："文人如何在18世纪中叶成为国家的主要政治人物，以及由此产生的结果"。但是，我是在阅读奥古斯丁·科尚①的作品时，尤其是在阅读他的《革命与自由思想》（[La Révolution et la libre-pensée]1924）时受到了震动，由此我相信：社会思想领域的犬儒主义或实用主义方法具有强大的繁殖力，有必要对之进行系统研究，而不是将它简单地形容为雅各宾主义。科尚把革命思想简化为革命思想的工具性，只想把革命思想看作某些团体的简单支柱。众多个人因为志同道合而组成这些团体（俱乐部、社团、民间组织，等等），这种情况违背常理，史无前例。在让思想掉进思想工具的陷阱时，科尚发现：学说的真理在于该学说的社团化方法之中，而不是在于它的陈述之中。于是，对讯息物流链的历史性研究取代了对理性

---

① 奥古斯丁·科尚（Augustin Cochin，1823—1872），法国作家、政治家。

秩序的共时性研究(为雅各宾意识形态所特有的概念体系)。在这位反革命论战者的简化方法之下,我似乎看到一种知识革命呈虚线出现,这种革命有可能在某一天把"意识形态史"(histoire des idéologies)变成组织行为之技术史的一个附录。在"媒介即讯息"诞生的四十年前,有个人已经说过"方法生产学说",可惜人们并没有听到。

18世纪出现了一些作者,他们还不是记者,但出于需要,他们制造书籍,他们排版,印刷,销售,并以此为生。一些有组织或无组织的文人转向文字制造——造纸业、铸造业、印刷业。他们像专业人士一样操心书店的生意,操心文学属性和盗版。他们是作家,对他们来说,书面的**东西**值得研究,因为它既是收藏品又是权力的赌注。他们也是拿工资的广告专家,他们知道:在舆论方面,出版不等于颁布。这就是为什么我在《法国的知识力量》一书中把狄德罗称为媒介学之叔公、把巴尔扎克称为媒介学之父的缘故。这份家谱也许夸大了媒介行为的文学性,但是,狄德罗和巴尔扎克都探索过媒介学三角形的三个斜面——政治、技术与文化。舆论对政府的影响、符号的流通网络、文学界的类型,这三个极之间的关联就是媒介学的本质,这一点并没有逃过先辈们的眼睛。

在这一领域中涉足最深的当属那些诗人。他们的言论仿佛没有那么随意,也更加中肯。他们仿佛更关注"说"的方式和物质,更关注有声材料或图形,所以他们最先知道如何把意义的成见原原本本地释放出来,知道如何发现并且让我们发现**符号的感性**以及这种感性的变体。要是我们与诗人之间的这种直系亲属关系损害了研究的科学性——并导致人们揭发诗学向学说的堕落——那我们自认倒霉。维克多·雨果的"此物将杀死彼物"和"书籍将杀死建筑"并不是一种纲要,而是为媒介学所必需的一种入祭祷(introït),只不过媒介学讲的是"界"和"介质"而已;谷登堡身上涅普斯①的影子让波德莱尔既惊慌又着迷;阿波利奈尔出于本能地估量电台和电影造成的断裂;布勒东和他之前的达达主义者重拾照片这一话题,从各个方向——最好的和最糟糕的方向——解释介质。在这张名单中,我很乐意加入一个伟大又荒诞的天才散文家:麦克卢汉。为了更加形象,我将把另外一位视觉思想诗人——塞尔日·达内②——与他的名字联系起来。

麦克卢汉不是一个理论家,甚至不是一个爱推理的人。他是布莱克的竞争对手,是研究乔伊斯和多恩的专家,同时也许是这两位的传人。他具有敏锐却又缺乏条理的直觉,是一个受人欢迎的先知,他的好斗为他做了广告,从理论上损害了他,但同时也使他声名大噪。他具有诗人的美德:留心周围的环境,留心那些一般来说为大学教授所不屑的大众文化的所有变体。他所使用的方法是:从一些囫囵吞枣(他对自己那些奇怪的作品也是如此)的观点出发,进行粘贴、短路和东拉西扯。他的主要观点——形式即内容,媒介即讯息——不就是一种诗人的观点,或者更确切地说,是一种被他应用于同时代文化形式的诗歌创作观?结构主义没有发明"结构"这一概念,它只是使该概念经受了考验,将它的准确性延伸到最大范围。媒介学没有发明"媒介即讯息",比起这句话来,它更喜欢科尚那条更深刻更不为人知的警句("方法生产学说")。媒介学只是想把这些格言当作理论一样来严肃对待。所以,在面对麦克卢汉这个发光的疯子、这个偏执的怪人、这个既轻微又强大的人之时,媒介学才会怀有一种矛盾的情感。在麦克卢汉身上,我们需要不停地剥去谵妄的外皮,找到真理的核心。

抽象物质主义者瓦莱里是低调严格版的麦克卢汉,思想的细腻和精确的见解使他免于受到大众的欢迎。他操作性地把思想定义为"变化的力量"。经过无数次的深思,他凭直觉感到:机器改变着思想的条

---

① 涅普斯(Joseph Nicéphore Niépce,1765—1833),法国发明家,他于 1826 年拍下了世界上现存最早的照片。

② 塞尔日·达内(Serge Daney,1944—1992),法国影评人。

件和性质。因为这个定义和这种直觉,这位哲学诗人成了一位十分重要的先锋。即便作为媒介学家他的名声并没有越过国界,这位不可知论者给我们带来的影响比起多伦多那位天主教徒来,也只会多不会少。介于神秘主义与技术之间(但他的警觉性很高,不让自己把这两者混淆起来)的瓦尔特·本雅明是一个无处不在的教父,我们不可不提他的名字。他的《机械复制时代的艺术作品》([Œuvre d'art à l'époque de la reproduction mécanisée]1936)是被我们视为经典的作品之一。正如哲学意义上的德里达的《论文字学》(De la grammatologie),它为一切应用媒介学提供了理论模具。至于《赫尔墨斯》和《天使传奇》(La Légende des Anges)的作者①在媒介学的结晶过程中从头至尾所起到的作用,因为他本人就是诸位评审委员的一员,所以在此我不方便详细说明。

列维-斯特劳斯说,修补匠(bricoleur)操作符号,工程师操作概念。有人会反驳我说,用土办法进行小修小补,这可成不了工程师。收集媒介学标志和分散的建筑材料是一码事,让图纸上的机器转动起来是另一码事。媒介学也许还只是一种整理残渣或小修小补的艺术,就像是零散残渣组成的联盟和不同学科的暂时结合,毕竟真正的工程学的门槛还横在媒介学的前面。但至少我刚刚提到的几部作品和别的作品一道,允许我们打开一条通往概念统一性的通道,而不是局限于一种对经验的简单记录。我当然知道,虽然抽象概念想在它所指的事实面前变得透明,但是,由于它本身的半透明性,它将永远不能具有"人性的厚度"和实际生活经验的热度。这种热度为精明的经验主义所有,它反过来为文人的写作增添一种无与伦比的、更加"真实"的魅力。从这个角度来说,概念体系将永远羡慕"亲眼所见之物"组成的旧货铺。

---

① 指米歇尔·塞尔。

4. 一条平凡的道路

巴舍拉尔说："一切方法话语都是时势话语。"既然如此，为了对真理表示敬意，请允许我简要地说一说我所经历过的时势。因为除了我在书本中的那些杂乱发现之外，还有生活本身这个简单的秩序。60年代左右，我在进入成年时不知不觉地开始了我的媒介学研究。思想史的经典问题——"书籍是否创造革命？"——并不仅仅是一个课堂问题。对某些人来说，它是一个长期的问题——就我个人而言差不多有十年之久。在我那些既是哲学家又是活动分子的大学同学中，大部分都明智地选择了以平行线的方式，在泾渭分明的两条道路上同时进行革命战斗和知识分子工作。而我却错误地（哲学上的错误）企图让这两者交汇起来，以致我同时离开了我的国家和永恒哲学（philosophia perennis），以便试着把"说"和"做"这两头连接起来，促使拉丁美洲从某种个人写下的"说"（文章和小册子）出发，产生某种集体的、匿名的"做"。从某种意义上来说，这是一种"宣传鼓动"工作。《革命中的革命？》(Révolution dans la Révolution?) 是一份便携式的简要宣言，1966年，它对古巴革命进行了理论化，呼吁拉丁美洲的人民以同样的方式进行其他的革命。因为这份宣言所得到的宣传，我彻头彻尾地成了一个信徒，我所宣扬的是一种昙花一现、范围有限的**主义**——**游击中心主义**(foquisme)，即关于游击队策源地的理论。人们说，这种主义造成了拉丁美洲土地上许多人的死亡。我不确定这种因果关系是否成立，但作为一个直接和间接的证人，我可以证明大屠杀的发生。这本小册子的传播超越了大洲，被翻译成许多种语言，足以在土耳其、巴勒斯坦、泰国以及其他地方"发生作用"，正如我二十年后在这些国家旅行时所发现的那样。在那里，我遇见了以前的一些政治犯，他们对我说："您好，是您的书把我送进了监狱。"其他那些留在了监狱里的人将永远不能跟我打招呼了。这是一个有关责任的道德问题,也是一个刑事问题,因为目前的法规为"犯罪"的"知识分子作家"准备了死刑。不管怎样,在经过了最初的震动之后,我认为应该把这个问题作为一个微薄的贡献或一个简短的例子注入研究的大流,这些研究由成绩斐然的历史学家以漫长的编年形式指挥着,比如,《当代法国的起源》(*Les Origines de la France contemporaine*)(泰纳[Taine])或者《法国大革命的思想起源》([*Les Origines intellectuelles de la Révolution française*]莫尔奈[Mornet])。启蒙时期→1789这个序列是如何形成的?人们还在讨论这个问题,而且罗杰·夏蒂埃不久前在《法国大革命的文化起源》中更新了这个问题。我不知道"小册子→埋伏"这个极小的序列能在大历史中占据什么样的位置,但是,因为不包含科学(science)的意识(conscience),只是灵魂的废墟,所以我在查阅上述那些辉煌巨著时对自己说,但愿我所经历的这些小小不幸能对别人有点用处。

几年之后我又做起了政论作者这一行,这次是在法国,是为了议会和立法。这并不是改变战场,而是为了坚持理论与实践的结合。宣扬正确的政治事业——在70年代,我眼中正确的政治事业叫作"左翼联盟"(Union de la gauche);撰写一份《致法国共产主义者的信》(*Lettres aux communistes français*);为了加快人们政治主张的转变而像使徒一样增加口头和书面"介入"的次数。即便如此,这种有节制的传布社会民主信仰的热忱仍然是一种乌托邦宣扬者或传单发放者的热忱,总之是一个表里如一的知识分子的热忱,他所面对的,是渐渐强大的意识形态讯息(或者渐渐微弱的意识形态讯息:同样的操作,方向相反)。在这里,观察某一话语从开始到跌落的历程,这从专业的角度来说也并非无益。对于经验记录而言,话语是来自左派还是右派并不重要。比如1978年,我在罗贝尔·巴丹戴尔①的保护之下参加了《自由宪章》

---

① 罗贝尔·巴丹戴尔(Robert Badinter,1928—),法国学者、评论作家、政治家、律师。

(*Charte des libertés*)的撰写,三年之后,我又参加了立法,或者与此相似的一种行动,具体是什么我也说不清楚。我的这些行为就是一种实验。对于那些制造集体利益讯息的人来说,从"说"到"做"的神秘过渡包含着一种身经百战的功效测试,它令人难以忍受却又平凡无奇:从空间的角度而言就是把他们的私人公寓翻译成人民的大会堂,这和把反对派文化秘密变成政府文化的行为是平行的。王公的顾问也许会背叛他的哲学志向——从柏拉图开始人们就已经在争论这一点——但他肯定不会背叛媒介学事业。在决策的发源地生产话语,不管这种行为属于捉刀人的工作还是同伙的工作,对于研究那些把对人的统治和对符号的管理结合起来的关系来说,它都不是最糟糕的一种方法。或许我们应该说"对符号的统治和对人的管理"。

被大家称为"权力"的东西其实不过是极度无能的所在地。权力所蒙受的耻辱不能掩盖这一点:权力也是一种真理的检验,是文人们所说的"决验法"(experimentum crucis)。它也是一个收集外部世界重大信息的地方,它当然不会取消内容的"意识形态"系数,但它会降低这一系数。所以,抄写者若是想要缩小两种状态之间的差距——一种是他本人对世界状态的了解,另一种是他同胞们的思想状态——那么他就是在进行第二种媒介学体验:某一环境在自身信仰受到某些思想的反驳时,几乎会产生生理上的抵触。那个时候的我在战略和外交问题上消息灵通(照会、电报、档案、旅行),所以我完全明白全套的符号设备(影像、声音和神话)在不同集团、不同文明和不同国家间的力量关系中所占据的越来越关键却总是被人低估的分量。比如,1984年我从中欧回来时确定了以下这一点:"摇滚乐、录像带、牛仔裤、快餐、信息网络和电视卫星所包含的力量甚于整个苏联红军的力量。"但是,我以此为主题而出版的那些书(《力量与梦想》[*La Puissance et les rêves*]、《帝国与欧洲的对立》[*Les Empires contre l'Europe*]、《四面八方》[*Tous azimuts*])几乎没有得到任何的反响。1985年,当时的主流思想依然认为自由世界受到了专制威胁的包围和渗透,我却反其道而行之,从事实和数据出发,解释为何"民主的状况越来越好,而苏联及其帝国却在走下坡路"(《帝国与欧洲的对立》,封底)。但我观察到,我的"讯息未被接收"。当时那些被阅读、被引用、被评论的优秀作者是那些在"民主的末日"、"芬兰症候群"(le syndrome finlandais)、"苏联的不可动摇性"或"东欧国家向军人专政僵化"这些主题上做文章的人。我还可以把同样的对比延伸到其他一些我仔细观察了十年之久的国际关系主题,进而证实这样一个老生常谈却又富有教育意义的观点:理性之人被人看成魔障,煽动集体狂热的人却被视为理智之人。但是,那种认为政治观点不可判定的怀疑论同样不可靠。世上存在一种简单又可检验的试金石:预知事件的能力。只要在十年之后重新阅读往日的报刊、杂志和书籍,就可以在这些问题上分清真假,把历史洞察力和简单的生态重复区别开来。我就是这样发现了大众书简家的千年难题:当他那些响应周围环境的书简弄错事实真相时,它们能很容易地到达收信人的手中。当它们说的是逆耳忠言时,则极有可能不被拆封。要是想从世界观的高级层面来观察这个奇怪的现象,我们不妨比一比马克思和孔德所得到的社会反响,或者看一看 20 世纪在这两人的作品中所进行的挑选——从一个人那里获取信息,把另一个人当作背景杂音抛弃。有素质的媒介学家是一个厚颜无耻的人,但他还不至于认为一个"不成功"的思想、体系和学说就没有价值,或者认为它们既然"不成功"就肯定是错误的(作为社会学家的孔德表现出了一种远甚于马克思的准确预见性)。证据也许是后倾的:从中短期来看,一种对环境产生影响的思想很可能是一种错误的思想。人们早就发现了集体对真理的反感,但这种反感仍然会有效地把对讯息的关注转移到环境,把环境当作信件分拣的大本营。"影响力"这个词也许具有已经理解尚待解释之物的毛病,但是,没有影响力的人是媒介学的启示者,比"具有影响力的人"更有用。我们从"失败"中获知的东西不比从"成功"中获知的少。连续经历这两种情况几乎是一种科学优势。既然我们不可能使任何一个社会认清真相(空虚原理使然),那么骗子比揭示真相的人更加可信也就不足为奇。但是,既然事实证明了"社会靠意识形态来驱动,正如汽车以汽油为燃料"(阿尔都塞),那么是时候说服自己了:加油工的工作有其自身的局限,该开始研究机械,打开引擎盖,看一看信仰机器是怎么运转的了。加油工就是投身政治的知识分子,是前线上的政论作家,或者专业的兼课人员。机修学徒不学习理性的机制。从行动主义到某种可能的实用主义,中间存在着倒退和脱离,但日复一日的介入为关于介入的长期研究提供了养料。

葛兰言①说:"方法就是走过的路。"但愿这个精彩的句子和谦虚的供认能让人原谅我这个博导资格申请者在一片客观理性大合唱中所唱出的不和谐音符。

---

① 葛兰言(Marcel Granet,1884—1940),法国著名社会学家、汉学家。

Ⅳ 文化生态

1. 弥补差距

总之,我们想要描绘思想的住宅,讲述思想的搬迁。"Oikos":房屋。我们权且认为,将来,媒介学之于符号界,就好比生态学之于生物圈。"媒体界"是否可以被当作生态系统来对待:一边是符号部落,一边是矢量和物质载体构成的网络?我们是否因此而把我们的学科目标定义为上述两个整体之间的互动?若真如此,人们将不再孤立地看待符号物种,把它们看作孤独的、"走出"了舞台的戏剧人物,而是把它们置于它们与环境和竞争物种之间的关系中来加以考察。只要被我们称为"符号群"(sémiomasse)的东西因为借助新的捕捉工具和存储工具而在社会空间中大大繁衍——不管是它活的部分还是它死的部分——运输工具就应该相应地发生变化。符号"食物链"在我们眼皮底下发生重组,知识的复制层面产生变化,拥堵的信息填满了管道,使"传播营养学"(罗耐①)成为生存下去的必要。这样说吧,节食练习建立在新的合

---

① 罗耐(Joël de Rosnay,1937—),法国科学家、社会远景学家、作家。

理标准之上。未来,我们将对电缆或电线上的数据进行压缩,但是我们不可能同时压缩消化的时间,所以,下一个世纪要想生存下去,就必须对档案进行挑选并理智地降低消费。在发达的北半球所发生的符号爆炸似乎已经在呼应南半球的人口爆炸。但是,人口增长和工业污染所带来的问题在国家元首峰会和专门的封闭型大厅里得到讨论,而矢量的剧增和符号与影像的工业化集中所带来的问题却还在科学和政治的候见室里等待接见。概述、分析和提案虽然在数量上总是不断增加,可它们仍然驻扎在"杂闻"那一栏,介于科学与合理关切之间(用歌德的话来说,就是教授们"互相吞食"的地方)。它们仍然驻扎在阴暗的商业交易的侧厅,或学术体制的边缘。对技术文化环境的理性审视能否弥补与对自然环境的科学审视之间的差距(黑克尔①,1866)?我们没有理由怀疑这一点,即便影响人们内部时间的事物不如破坏他们外部空间的事物那么明显。

认知生态学已经占据了好的地段。它告诉人们,集体认知过程如何依据可用设备而进行(皮埃尔·列维)。着眼于整个符号界(包括意识形态和神话)的,也许是多面媒介学中最突出的那一面。在那里,艺术行为的创造生态学将有足够的立足之地(《影像的生与死》[*Vie et mort de l'image*]同许多其他的作品一样为此做出贡献)。不管是从对象还是从方法来看,一门跨越性学科只能是一门综合性学科。生态学以团队的形式开展工作。确实,生态学意味着要对遗传学、农艺学、生物学、热力学等具有足够深入的了解。媒介学同样意味着要对人文科学——社会学、政治学、符号学、各种历史、工艺学——具有足够的了解,它要么制造出集体产物,要么一事无成。为了对载体/符号有个全局的了解,媒介学试图弥补过度专业化带来的危害,它不仅召唤那些已经既成学科的专家,也呼吁增加特写镜头和全景镜头。虽然术语有一定的繁

---

① 黑克尔(Ernst Haeckel,1834—1919),德国生物学家、哲学家、自由思想家,达尔文进化论的传播者和完善者。

殖力，但我们知道，同时也感觉到：要响应上述的抱负，和许多著名的当代学者相比，我们的能力有所欠缺。

要是把歌德的话倒过来，也许我们应该冒险说一句："外部的东西在内部"。与环境有关的概念，比如"媒体界"、"媒介空间"（médiospace）或"媒介节奏"（médiorythme），它们努力争取让人们对环境和气候进行东方式的重新审视。正如一切理性思想对东方的"地方中心主义"（lococentrisme）所远远发出的谐波相当敏感（对此，日本学家、地理学家奥古斯丁·伯克①在他那些关于"环境学"的论述里有过精妙的阐释），媒介学同样拒绝我们坐井观天式的逻各斯中心主义。这是因为，东方走在了西方的前面（或者是它往日的落后为它节省了时间）。在东方，人们不会把主体看成一切事物的度量衡，看成符号的君主、文化的主人和占有者；和我们这里不同的是，那里的主体不是一个固定的、被隔离开来的发源点，没有什么中立次要的附庸环境在围着主体运转。也许我们应该用日本人的方式来对待"符号动物"，把它看作千变万化的外部环境的流动投射，而不是看作一个越位的、突出在外的"我"。媒介人不和他的技术环境同住，而是让自己的住所住在心里，被自己建造的壁龛所建造。东方人不会说："我的身体属于我，但我就是我的身体。"我们难道不能像伯克所呼吁的那样，试着把"我有一个属于我的环境"换成"我就是我的环境"？我不在我的环境的对面、身边或背后，而是通过环境，和环境一起，进入环境的内部。我是我的汽车、我的电话、CNN、空客和 CD-Rom。我是这一外部的内部：意识的倒置和中心的偏移也许会令人难受，但同时也可能令人像闯入禁区一样快乐。这么说的时候，我所感受到的尴尬，就像是一个不常阅读胡塞尔或海德格尔这种大作家的读者在读到与我们那些最好的本体论明显相悖的论点时所感受到的那种尴尬。"用'做'和'生产'来衡量思想"，"把思想变

---

① 奥古斯丁·伯克（Augustin Berque, 1942—　），法国地理学家、东方学学者、哲学家。

成身体及其工具的附属"——这对反对一切"检查"(arraisonnement)的存在思想而言,不就是一种罪过吗?

只有河沙能为鱼儿传授 H_2O 的知识。瓦莱里说:"痛苦不外乎就是人们极度关注的事物。"人们不适应环境的时候就会关注环境,而这时的损失已经到了一定的程度。人们不能使用母语时才会想起这门语言,正如人们流亡之时才会发现自己的祖国(出国者是最好的爱国者)。同理,损失的意象加深了意识的觉醒(不管在生态学上还是在媒介学上均是如此)。但是,哪只密涅瓦的猫头鹰不是在黄昏时才起飞?在这种对飞翔而言十分自然的忧伤里,有一种沉重和制动的危险,因为不快乐的意识往往是反动的:它想要的首先是回家。新环境把旧环境变得过时,而不快乐的意识把新环境看成对旧环境的歪曲。处于话语圈边缘的柏拉图以之前的**原始记忆圈**的名义来抨击书写,他(或者他的替身之一塔姆斯)只看到新发明的消极之处,并用原始的口语来衡量它们:书写会把我们变成健忘之人,我们将没有能力去回忆,因而也没有能力去认知;书写将毁掉大家追求真理的共同努力,辩证法和对话认为,这一真理存在于一种可悲又单调的孤独之中。处于图文圈中心的卢梭把表现力与印刷品对立起来,怀念符号的童年(那里只有需要在歌唱),想在演出的后台重新找回原汁原味的节日、乡村和话语声。其他一些批评视频圈的人被别人看作无法从书籍秩序之丧失的伤痛中走出来的人。这些苦涩的情绪有时会干扰理解的思辨之乐。它们值得原谅。如果说自然生态学对我们来说并不自然,那么文化生态学就完全是反自然的,因为从生物的角度而言,我们患有遗忘症,而且盲目自恋:媒介系统具有一种艺术,能够即时透明地反映处于活跃状态中的意识。当一个近视患者发现自己戴眼镜时,那是因为他的眼镜丢了或者碎了。同样,当一个《圣经》的忠实读者突然想知道上帝在用言语创造世界时说的是哪门语言时——《旧约》的作者们当然忘记了这个小小的细节——那他离发现上帝并不存在之时也就不远了。这一点"有时很麻烦",正如天父在《阿尔托纳的死囚》(*Les Séquestrés d'Altona*)中所指出的那样。

生态学在19世纪时以科学的姿态产生,启发了20世纪的一种社会实践。今天的生态学过着专家和战士的双重生活:它既是学科又是事业,既是理论又是政治。它从它的对象中提取了一些目标——通过保护濒危的自然物种和自然环境而保存大自然的发展潜力。生态学的一些信徒并不满足于描绘现在、重建过去,他们想做的是预告未来,阻止最坏的事情发生。在那些拒绝干涉自然的弃权者身边,还有着一些想要管理自然的生态学家,他们认为自己具有干涉的义务,所以发明了一种自相矛盾的自然科技。媒介学是否有一天应该模仿他们,并用一种干净的工程学来对生态学的才华进行补充?

这样做,不是为了在动物权利之上增加某种类似于机器权利——不管这些机器是否过时——的东西,而是为了使一些受灾的存储地点和一些正在消失的手工业"重新具有文化的性质"(reculturer),就像人们"复原"(renaturer)某些场所一样。一个作为某一文化象征的铅字排版车间,或者一个有男女技师工作的电影剪辑室,它们就像混凝土之城中的一块绿地,一样珍贵,一样脆弱。黑白影片着色技术或第二次的广告插播,它们几乎像是普罗旺斯乡村中的一道高速铁路线,或者一个对可裂变物质进行再处理的工厂,两者造成的污染或侵略是相似的。人们在讨论设立一个地球日。严肃地讲,为什么不设立一个赛璐珞日、犊皮纸日或者乙烯基光碟日呢?为什么不设立一个南瓜(Nagra)日、专业磁带录音机日、斯坦尼康(Steadicam)日、便携式相机日或者禄来福来(Rolleiflex)日?

让我们扩大话题的范围。

2. 媒介伦理

随着生物科技在质量上的飞跃,人们对生物资源的介入能力也得到了更新。这些新能力在所有的发达国家都引起了人们的集体思索。

随着传播技术前所未有的飞跃,我们对文化资源的介入能力也引起了一系列的道德问题、社会问题、司法问题和经济问题。希望这些问题能够早日促使人们对**媒介伦理**做出定义,正如已经存在的生物伦理一样。不管在哪里,我们都应该把科学—技术—社会这个问题延伸到科学—技术—政治这个三角结构上去。然而,在怎样的条件下,技术政治才会成为可能? 前提是要弄清人们到底为何不安。"人文传统"在"**那种去人性化的技术**"的启发下所产生的不安也许并非是最好的一种。捍卫印刷物的勇士对抗捍卫屏幕的急先锋,这不是可悲的新旧之争的最新一章,而是一个十分古老的误会的终极演出。

对于"技术与文化间的关系",人们总是重复又充满激情地发生争执。这些争执似乎确实建立在亚里士多德对**形式**(唯有形式是动态的,个人化的)和**物质**(可以随意调整的容器)的对立之上,两者在手工制作中合而为一(制作一个双耳爵或双耳尖底瓮)。把技术和文化当作彼此独立的事物来看是一种制陶者的反应,它会导致一个虚假问题的产生(比如其他地方那些古老的二分法:个人/社会或者心灵/身体)。大部分的技术物体以及它们所承载的操作链条同样属于文化矢量。我们再想想机械钟表,它是中世纪天主教社会发明出来的政治精神产物,芒福德①把它看作"现代技术中所产生的最精密的机器"。它既是一个测量时间的仪器,也是一个控制隐修会纪律和乡镇生活的工具。总之,是使人们的行动同步化、使祷告的节奏固定化的一种方法。我们与真实之间的符号关系总是会经过设备和装配行为的媒介,其中最先起作用的,就是我们的身体这个多功能工具。马塞尔·莫斯②在《身体技术》(*Les techniques du corps*)一书中说:"我们犯了一个根本性的错误,以为只有工具存在的地方才有技术的存在。"这位人类学家(以及多位紧随其后的历史学家)指出:"身体是人类首要和最自然的工具",更确切地说,

---

① 芒福德(David Mumford,1937—),美国数学家。
② 马塞尔·莫斯(Marcel Mauss,1872—1950),法国社会学家、民族学家,人类学家,被视为法国人类学之父。

成年人身上不存在"自然的存在方式"。成年人那些最个人化、最微不足道的习惯，比如走路、游泳、用餐姿势或者手摆放的位置，都是集体创造的结果。作为文化传播的技术产物（或者反过来），人体是我们的混合型机器中最重要的一部，是鲜活的媒介。在这种媒介行为中，那些被我们的二分法划分为真假的秩序得以相遇，并且在相遇的同时互相改变，因为一旦建立起关系，这种关系就会改变它所连接的每一端。

确实，文化或政治生产的工具常常被排除在这些生产之外。思想不喜欢偿还对物质欠下的债，内在也不喜欢偿还对外在欠下的债。长时间以来，政治学一直拒绝把民主的发明归诸于书写的工具。正是因为木板-笔-字母这个小小的系统，古希腊社会才会产生伟大的法典，才会产生不朽的法律公开："法律面前人人平等"。若是没有这种公开，雅典的公共场所不可能成形。正如马塞尔·德蒂安①和其他人所重申的那样，在政治哲学的藩篱之上，立法者（législateur）梭伦②首先是一个写法者（légi-graphe），而一视同仁（法律面前的民主平等）意味着记录与发表。写作这种复杂的认知活动，其自身就是一种技术工具，它和杠杆或齿轮一样，类似于一种"简单机械"（"简单机械"的经典定义是："任何一种用于把某一力量的作用传播至另外一个点的工具，或者用于改变这种力量方向的工具"）③。赫梯④人的楔形文字生产出了以下这些新的文化物体：图表、列表、清单、日期记录，等等。从叙腓（叙利亚-腓尼基）社会流传到古希腊城邦的元音字母表不仅产生了第一个人治人（而不是神治人或者神的先知治人）的政府，也产生了一个令人吃惊的表现知识的场所。这个场所允许人们公开辩论，允许人们质疑传统，允

---

① 马塞尔·德蒂安（Marcel Detienne, 1935— ），法国古希腊学者、比较人类学学者，生于比利时。

② 梭伦（Solon，约公元前 630—约前 560），古雅典政治改革家和诗人，相传为古希腊"七贤"之一。

③ 传统上认为有七种简单机械：杠杆、滑轮、轮轴、齿轮、斜面、螺旋和劈。——原注

④ 赫梯为公元前 17 世纪左右在小亚细亚和叙利亚建立的古国。

许人们检验谣言与神话。识字读本中的图形产物是最初用来存储流动思想的创新技术,它们不仅仅是立法、哲学和悲剧作品,也是几何学图表、世界地图和医学诊断,是欧几里得、阿那克西曼德①和希波克拉底②。

今日的"人文主义者"乐意将文化定义为抵抗技术的一整套功能(正如生命抵抗死亡),他们似乎忘记了,文化与技术在命运上的骨肉相连在人类产生之初便已被铭刻下来。在任何的集体主观性之后,都有一种或几种技术体系,反之亦然。技术事实没有自主性,文化事实也没有。两者互相控制,人生产工具,工具生产人,人文主义者所说的"来自人的机器"(machina ex homine)并不能取消人类学家所说的"来自机器的人"([homo ex machina]"来自书写的政治人"[homo politicus ex scriptura]是其中的一个变体)。也许物质比思想跑得更快,也许知识技术的活力加深了以下两方面的差距:一方面是人们所继承的旧工具集合,另一方面是人们对新机器的需求。因此,每个人都觉得被自己继承的符号文化和当下的技术文化所分裂,被他口中的"价值"和"规范"所分裂。也许正是因为不同时代的无意识行为在我们身上的重叠,我们心中才会产生不安、惊慌或"危机"。我们往往会把这种脱节升华成文化**价值**和工业**标准**之间的分裂,这种分裂或多或少带有悲剧的成分。这里我们所说的"价值"其实也是一种技术规范,它早就被内在化,长久的使用使它产生了光泽,千百年的合法地位使它失去了技术性。随着电子和数码设备的产生,书写技术的语义-思辨遗产(艺术、宗教、哲学、道德)发生了动摇,这已是不争的事实。往日的发明与今日的发明之间有着不可否认的秘密分离,这种分离应当激发人们"把技术纳入文化",而不是加深两者间的鸿沟,或者视这鸿沟为理所当然。但是,不管这个最终的目标是否合理,是可以达到还是难以企及,我们都不能忘记:在

---

① 阿那克西曼德(Anaximandre,约前610—约前546),古希腊哲学家、米利都学派的学者、泰勒斯的学生。据说他是在希腊第一个绘制地图的人。

② 希波克拉底(Hippocrate de Cos,约前460—约前377),古希腊著名医生,欧洲医学奠基人,被西方尊为"医学之父"。

实证历史上,这种纳入终究是事实。我们的价值与我们的工具在不断的协商下产生互动,我们把这种互动称为"文化"(对于一种文化来说,技术的猥琐来自协商的停止)。要是人们把文化变成某一媒体界的机械印记,那么在同一个技术历史阶段,我们将无法解释集体性格的显著多样性。人类思想可以用同样的植物种类,创造出日式花园和法式花园。每个人都知道,"内己"(en-soi)和"为己"(pour-soi)之间的距离很遥远,正如物理学家的普遍中性空间与个人生活或感知空间中的特殊地点相差十万八千里。可以这样说,集体个性之于主流技术界,有如作为感性事实的风景之于作为物理事实的环境:它们都是历史上成为事实的某一集体对客观物质所做出的主观阐释。如果我们愿意的话,我们可以把这一点当作集体身份的源泉,与作为个体生命之源泉的基因—环境组合相对应。

3. 为技术正名

也许今天,从技术出发来思考文化已经变得比从文化出发来思考技术更有好处。这种做法正好具有媒介学的性质,它当然不是毫无危险的,但是这些危险似乎要小于由人们对技术的批判——变性作用、非人化、失真、"非理性"、对存在的遗忘——所导致的危险。我们无需对海德格尔的"座架"(Gestell)展开讨论便能注意到:在当代那些驱逐机器的行为中,大多数都是以原罪和堕落为潜在模板的。关于原罪和堕落的话语有十分丰富的形式(思想堕落到物质之中,永恒堕落到变化之中,直接堕落到间接之中,超验堕落到经验之中,存在堕落到生存之中,等等)。人们几乎是想造出一个独特的原始人,把他当成或多或少具有理想主义或虚构色彩的缓冲器。这个人既永恒又无懈可击,类似于一种隐藏的、失去的或顽强的本性。古生物学并不做出证实。这里我们就不再赘述勒儒瓦-古朗对于皮层和燧石的**共同进化**所做的论证,更确切地说是关于人的皮层化（corticalisation）和技术化的相互作用过程（"为手而生的工具和为脸而生的语言，两者是同一个设备的两个终端"）。也就是说，技术等于人为了延续生命而使用其他工具，它对人化过程起到了类似弹簧的作用，是人与动物脱钩的关键：当动物仍然受到基因的决定，遵守某一先天、固定、特别的规则之时，人已经脱离了生物记忆的特征。人之所以如此，是因为在工具、机器、科技（如今的记忆和计算被外置于人工智能中）这些无生命的器官中，个人能力不断得到外在化。"人的进化使人变成了一个外在的身体，这个身体的整体属性都处于加速变化的状态。"当人们和卢梭一样，相信一切外在化行为都会扭曲人性，一切副本等于谎言，一切再现等于歪曲，相信这一切阻止了表达行为和被表达之物之间、"似"与"是"之间、痕迹与事物本身之间的重合，那他们就有充分的理由去揭发技术媒介的暴政。但是，史前学家通过观察，在人的特征中发现内在的外置（excorporation），并且借助资料，看到"人类群体在大自然中的行为有如一个活体"，为了在自身的物质环境中生存下去，人类群体通过一层中间假膜（用横口斧来消耗木材，用箭、刀和锅来消耗肉类，等等）来消化植物和动物。当史前学家看到这些时候，我们难道不应该夸奖媒介的帮助和工具的使用吗？技术既是我们的命运也是我们的运气。普罗塔哥拉的神话用自己的方式阐述了人类的不完全进化（和其他所有哺乳动物相比，小小的人在出生时是最不成熟的），正如该神话猜到的那样，技术是一种反对命运的工具，是一种修复了的残疾。普罗米修斯从神那儿偷走了火，把技术之妙献给了人类，他这样做并非出于骄傲或乐趣，而是因为没有更好的计策，非这样做不可。他必须弥补弟弟埃庇米修斯的疏忽，因为埃庇米修斯在为所有的动物配备了用于生存的特征之后，不再有任何东西可以发放给最弱小的那个人，留下赤裸裸的人独自面对虚弱而死的命运。人的本性就是没有本性，这在动物王国中是独一无二的。既然如此，人就需要向技术起源要求他的动物身份事先没有赋予他的东西。就这样，通过自己的"做"，人把一种存在的缺陷变成了一种特有的优点。手工造就了人，外在造就了内在。换言之，发明文化乃至人本身的，也许就是技术。所以，我们不能说"如今机器取代了人"，而是应该说"从前，人们通过身体和智力上的亲身干预，在很长一段时间内填补了机器的暂时缺失，这种缺失从此以后将在一定程度上得到人工智能的弥补。"人化的过程追赶着机械化道路上的人，如今这一过程从体力劳动过渡到了逻辑工作，从发动机过渡到了电脑，或者说，从肌肉过渡到了突触。这没有什么惊人之处，即便我们的机器体积变小了，重要性变大了。

对此，我们能理直气壮地回答说，我们可以把文化定义为无法被技术外化、无法被机械化甚至也许无法被客观化的一种事物。无生命器官可以具有逻辑能力，从而把我们从一些令人生厌的工作中解脱出来，但是，虽然符号单位的组合是一个没有主体的过程，可以操纵句法，但它无法从语义上来阐释不同的情境。如果谈论文化就等于谈论言外之意、模棱两可之意，同时也等于梦想、艺术、情感、意义和价值，那么，我们可不可以像"人工智能"一样创造出一种"人工文化"？我们的机器人已经得到了视觉、听觉和触觉（用于诸如辨认形状、下棋之类的活动），但是我们很清楚，并且能够想到以下这一点：思想不等于计算，头脑也不等于智力（嗅脑在监视着）；意识的结构不同于任何一部认知机器，即便是性能最好的机器也不例外。文化俯瞰并囊括了认知行为，正如生命本身俯瞰并囊括了文化活动。昨日，机器是用来思索身体的模型（笛卡尔）；今天，在电脑诞生之后，机器是用来思索智力的模型（图灵）。它将永远不能成为思索思想的模型，最根本的原因就是，机器不会死，而只有终将死去的人才能进入价值和意义的象征世界。死亡是预料中的事情，同时又因为技术对世界的掌控而延迟，但技术无法克服死亡。死亡意识是技术发展的发动机，它就是那不可克服的人之内在。①

---

① 关于这一点，请参考贝尔纳·斯蒂格勒的主要作品，尤其是他的论文：*La faute d'Epiméthée. La technique et le temps*（sous la direction de Jacques Derrida），Paris, Galilée, 1994.——原注

★

放弃把思想的传播看作空想在具有惯性和中性的技术天空中的迁移,这对于西方思想而言,等于同意一种不能否认的人格减等(diminutio capitis)的存在。然而教育家知道,人们使用粉笔和黑板,或者使用投影仪或电脑的时候,他们传播的不是同一种知识,尤其不是同一种知识的定义。知识的内容和国民价值的本质一样,并不独立于传播的机械装置,也不独立于这些装置所引出的方法。维特根斯坦说,"我们不可能通过电话来传播麻疹病",我们要补充说明的是,我们也不可能通过一段苹果落地的视频来传播重力法则,以及决定该法则之结构的分析法。"智能科技"也许没有其使用者所想象的那么"老实",使用者们——以及我们所有人——之所以对它的"老实"深信不疑,一方面是出于本能,另一方面是因为有史以来的一个观念:主体统治环境。正如米开朗基罗的思想统治卡拉拉的大理石,工具的中性是一种被动的事物,服从于使用者的具体目的。这种中性可追溯到亚里士多德,从另一个角度来看,也可追溯到笛卡尔。在那里,我们也许能重新找到"工具"这一实用概念以及那种看待工具的功利性眼光的根源。这些天真而虚伪的同语反复至今仍然根深蒂固地存在于某种把介质视为简单工具的人文思索之中。如果这种思辨幻觉成立,那它倒是也在道德层面和政治层面产生了一些相当积极的影响,因为它承认:任何一种技术本身并无好坏之分。①

几个世纪以来,客观认识只有经过"受伤的自恋"(哥白尼、达尔文、弗洛伊德)的打击才能得到进步,但是,要想得到一个真理,也许不能仅靠羞辱人类思想以及人类思想对统治的幻想。但是,如果我们的思想

---

① 比如某种开明的斯多葛主义在面对军事挫折时的态度。1940年,戴高乐认为法国仅仅是打了一场机械上的败仗,这次失败并没有任何精神意义。贝当则展开了说教,他从法国军队的劣势中看到了一种惩罚,并以此作为悔过赎罪的借口。戴高乐相信,装备乃至广义上的机械在价值学上都是中立的,他坚持这样一个简单又强烈的念头:必须在一定期限内为法国配备高级的物质装备,仅此而已。

和行动发生在我们的工具内部而不仅仅是通过工具，借助工具，如果某一讯息的有效性并不为讯息本身所固有而是成为某一传播环境或媒体界的因素，那我们就不能把人置于人所处的环境中来加以想象，正如把船长置于他的船上来加以想象。"环境"这个词不代表外部也不代表周围，它所指的不再是一圈或多或少具有影响力的、包围着一个准心的周边形势，比如18世纪的机械师就认为，环境是两个中心之间的部分或者是行动的简单载体（康吉扬）。环境本身变成了发动机和符号的推销者。如果我所使用的工具（正如另一个层面上的我的潜意识）不具有我和我的意识形态所具有的思想，而且我又必须借助这些工具，那么，我的技术环境会不会偷走我的思想？作为行动者、陈述者和程序员的个人还会不会存在？如果"思想的价值只能通过它所产生的媒介行为并且经历这些行为才能实现"（达戈涅），那么思想的统治还会不会存在？

特别是，如果技术环境遵守自身的发展限制，那思想主体对技术环境的影响还会不会存在？西蒙东和勒儒瓦-古朗以各自的方式教会我们承认以下的事实："物体谱系具有组织活力"；为手中的燧石配备把手，为包裹配备轮子，为轮子配备手柄，为手柄配备传输带，这是一种类似于生物学的万有"趋势"。所有的人类群体，不管他们属于哪个种族，都用斧子解决了木材问题，用锻造炉解决了铁的问题，用纺锤解决了线的问题，用人字形斜面解决了屋顶的问题。这是必然的结果，就好像那些在水中移动的东西，不管是鲸鱼还是船，是螺旋状的贝壳还是腹足纲，都必然具有梭子的形状。正如动物种类遵守着一种使它们与各自环境之间的接触更加有效的"建筑结构"，技术文化物体也有自身的生成逻辑。即使对于物体的每一种功能而言，万有趋势可以导致不同形状的产生（用于切割固体的刀剑有上千种形状），正如光线通过这样那样的镜片而发生衍射，但是，最终总会出现聚合。物体向着十全十美的方向演化，正如生命不会退化（基因组合不断复杂化），技术的发展也只能朝着进步的方向前进。我们见过一些政体从民主退回到独裁，但我们从未见过一个农民把拖拉机换成犁，或者把犁换成锄头。我们从未见过一个城里人把半导体收音机换成矿石收音机,或者把彩色电视机换成黑白电视机。我们从未见过一个军人把轻机枪换成弩,或者一个医生把抗生素换成汤药(棘轮效应[effet-cliquet])。但是,一个从维特根斯坦过渡到巴门尼德的哲学家不会担上"倒退"的名声。永恒创新的法则推动着人们"一直向前",能够忽视这条法则就成了一种很大的特权。但是,人们允许甚至建议艺术、宗教、哲学和文学停下脚步,却不允许技术停下脚步。我们似乎无法控制加速发展的科技的未来(因为研究和发展之间的结合越来越紧密),倒是被科技的未来所控制:(对于一个拥护君主制的主体的自尊心而言)这种不对称令人恼火。

4. 伦理压力

如何在这些相当令人感到耻辱的条件下规划自由?如何避免让思想成为自身工具的工具?也许我们需要更严肃地对待工具,而不是像某种思辨蔑视所做的那样去对待它们。一种**人文实践**的产生可能需要经历一切**理论人文主义**的拒绝。**更多地承认机器"自主",以便更少地给予**它们(权力)。这种"以物换物"(do ut des)仿佛发生在具有均等而又可观的力量的合作双方之间,显得自相矛盾。我们回顾一下,必胜主义幻觉和"我们对电视做什么它就会成为什么"("我们"=人文主义左翼)的技术天真导致了怎样的矛盾:服从介质的命令,从精神上和政治上被拆卸。被自己的工具所操纵的操纵者重复着一幕滑稽的场景,该场景没有路易·卢米埃拍摄的《水浇园丁》①那么好笑。要是那些负责工具的客观属性的人能意识到这一点,那么,比起"我们制定一种正确的政治路线,一切就能水到渠成"这样的政治幻觉来,政治能力将更少

---

① 路易·卢米埃(Louis Lumière,1864—1948)与奥古斯特·卢米埃(Auguste Lumière,1862—1954)并称"卢米埃兄弟",是电影和电影放映机的发明人。《水浇园丁》(*L'Arroseur arrosé*)由路易·卢米埃拍摄,于1895年12月28日公开放映。

地受到伤害。政治幻觉把介质当成了后勤,把电视当成了自行车。好像只要下一道命令就能把机器换掉似的。正确的政治路线无法阻止大众介质依据自身规律而发生作用,正如它无法阻止一场大干旱依据自身规律而发生作用一样。相对于一代技术体系,精神意志是首位的,但这种地位从来不是通过对技术体系进行精神贬值而获得;把思想置于机器的保护之下也不等于"保证思想的安全"。不是要使文化去机械化,而是要使技术(technè)去神圣化。古希腊人在神化自然的同时,禁止自己用技术介入自然,把人工痕迹视为亵渎。要是过于神化技术(不是神化技术的恒定性而是神化技术带来的震动),也许我们很快就会禁止自己与技术自由地对话。面对技术的世界,精神上的不屈和智力上的宽容将会共增共减。这就意味着,在末日学说口吻和卫道口吻之间,在古典人文的"一切与本质有关的事物都与技术无关"和最新的未来主义的"从本质上来说一切都是技术"之间,还有着第三种批评的方式:这是一种谨慎的辨别力,它关注的是我们的工具所具有的暧昧性和可能性。

★

世上存在着一种生物伦理,因为我们(大致)知道在这一领域内区分善与恶:善就是尊重生命和自由选择。预防疾病,延长生命,减轻痛苦:对于治疗性医学或预防性医学而言,这是一些简单的标志。在对象的定义上,不同的生命科学可以达成一致:健康、病理、死亡、个人身份。要得到与此相同的一致,文化科学还有很长的路要走。文化生物学可能会为自己设定一个目标,要为这个目标下一个定义,也还需要等待一段时间。说到底,两者都面临着同样大的挑战。我们知道,对胚胎的处理或试管受精与人的品格相关,也与人类的基因遗产相关。在我们的猜想中,集成的传播网络(比如好莱坞模式意欲垄断电影制造业)关系到某些创造潜能,关系到一些不可缺少的特殊职业的生存,也关系到整个人类群体的文化遗产(patrimoine culturel)。正如生物工业以生命体为中心一样,文化工业以想象和认知为中心,文化工业**同时也**是权力工具,其内部包含着标准。但是,新的影像技术、音效技术和符号技术不仅改变了痕迹和存储的生成、消费和控制,也把唯一的一种意识政治经济学扩大到全球。对于异类和捣乱者而言,这种经济学也许会显得很残酷。有生命的、有生殖能力的、终究要死亡的主体转化为技术操纵的客体,这一点已经公开引发某种社会责任的制定。有决心、欲望、想象和情感的文化主体同样转化成为操纵的客体,这一点却尚未公开引发某种相对应的**责任**,不管在行动者还是在决策者那儿均是如此。至少它没有超越某种最低限度的道义(新闻从业者),也没有跳出一个以短视的调控观念为特征的法律框架(虽然制定短期的规章不会带来弊处,比如对"复印"这种有可能杀死创作的复制进行管理)。基因操纵拉响警钟,在我们看来,为此立法是理所应当的事;媒体操纵让人发笑,在我们看来,对此进行调控是违反自然的事。仿佛生物学上的基因组的神圣性遮盖住了历史上那些更加弥散、更加不确定的集体神圣性。

不管在物种的进化还是在文化的进化中,生命都是"偏离标准"的同义词:生命生产差异。在挣脱自然选择的钳制,增加我们对世界的控制方式的同时,技术带来了标准化:它用一种统一标准的共同语言(koinè)减少了差异,这种语言使得传播、兼容和交流成为可能,同时也把它们变得平庸(或者变得畅通)。太阳能、水力、风力、核能,所有这些能源在从涡轮中出来时,都被变成一种一模一样的东西:千瓦时。人类的技术文化发明处于一种偏差和标准的辩证关系之中,处于世界共同语与方言的辩证关系之中。幸好,这种关系不会有终止的那一天。对于深思熟虑的权力行为而言,阻止这种关系的终止不失为一个合理的目标(那些支持普遍熵化[entropisation]的人一定会认为这种行动是强制的,官僚主义的)。相反,我们该保护的是生命的活力,是生命的自由差异化运动。因此,我们不能把以下的事实看作一个坏消息:无所不在、无所不食的大型技术系统并没有如勒儒瓦-古朗本人所预言(1965)的那样,与一种全球性大型种族的出现相对应。我们认为他想错了。他当时提出了一个假设,认为人类群体的种族结构将会失效,但这个假设似乎并没有被证实。在全球范围内，技术标准和生活方式发生统一化的同时，并没有出现相对应的集体梦想和宗教的统一化。地球村内，群体间传播的时限和距离被取消了，但这并不意味着国界的消失和心灵的融合。相反，设备的物质统一性似乎再次激发了种族文化的意图多样性，仿佛地方记忆并没有溶解在利益和服务的标准化之中，反而收缩并坚硬起来，足以粉碎任何联邦与帝国。仿佛在技术事实集中之时，文化事实在分散，以至一种故意反其道而行之的运动——从封闭到开放，或者从文化个体性到技术普遍性——有可能很快就要变成必然。互联网（航空运输、电信、网络、电子信息、虚拟社区，等等）的一体化并非只有优点没有缺点，但是这种一体化确实打破了原先的闭塞状态，动摇了集体对于个人的控制，赶走了霉味和死水——从而解放了一些本来沉睡着的或者被禁锢着的个体力量。收缩，舒张，这两种动作需要互相结合，这样的呼吸交替要求对技术体系进行某种政治上的调节。一边是急速发展中的全球化经济环境，一边是缓慢发展中的区域化种族环境，两者在时空参照上的脱节造成了一种紧急状态的出现。要是有一个国际协商委员会，或者一个国家性的多学科观察所，那它们会有许多事情需要去做。确实，若是没有一种明智的意志主义，那我们当下的放任一定会引起极端民族主义或宗教封闭的反冲。自然中的**生物多样性**已经成了全人类的共同关切。在文化领域中，要想保持一种**媒介多样性**，就应该和媒体的侵蚀进行密切的协商，与传播网络的一致性所带来的内容一致性进行密切的协商。这叫作，在过多的竞争与开放和过少的竞争与开放之间做到游刃有余。这条路很狭窄，单单依靠国家的智慧是不足以做到这一点的（正如身体的智慧无法成就营养学）。

在此期间，让我们提高警惕，不要让年轻人心中对新事物的崇拜取代原先对力量的崇拜。让普通民众和批判家对新事物产生一定的警惕，并不等于把新事物贬低成"小玩意儿"或者"小把戏"。有许多理由让我们不得不这样做：我们可以控制新的体系，但是这种控制并不是先天的，所以它仍然是偶然的，可逆的，时隐时现的。没有哪种工具是中性可靠的,所有的工具都有着消极的一面。技术进步可以伴随或者促进社会或文化的倒退。所有的技术解放都以一定程度上对解放者体系的屈服为代价(打个比方,巴黎至里昂之间的高速铁路增加了这两个大城市之间的交流,却也加快了这两个网点之间那些起中间作用的乡村组织的枯萎)。我们的第一原则是警惕,因为修复我们与我们的假器之间的力量关系对我们来说有利而无害。我们根据不同的情况和目的来利用假器,而把它们绝对化或神物化的做法都将降低我们利用它们的能力。我们可以说,技术客体的结构已经得到了固定,但是,对技术客体的使用仍然相对自由。与被设定了基因的动物所不同的是,"人可以为环境提出的一个问题带来不同的解决方案"。人与工具之间的关系是经过深思熟虑的,不同于人与自然刺激之间的那种本能关系,因为人在面对机械的挑衅之时并不一定要低头言败。一般来说,一个受到环境遥控的生命体是一个即将死亡的生命体。一种被环境设定了的文化也许也是一种垂死的文化。要活下去,就要在杂音中截取有用的信号,为自己安排属于自己的活力,积极地制定该走的道路。在这种情况下,即使我们并不明白我们那些新发明的逻辑,我们也仍然可以通过互相适应而改变使我们发生改变的环境,规划使我们得到规划的事物。我们已经看到,在历史的进程中,每一种文化都会从可资使用的新发明整体中挑选出最恰当的技术,正如生命体从周围的杂音中提取出有用的信息。在动物王国中,每一种神经系统都在世界中组织起自己的世界,同样,每一种社会组织都应该有能力在当前的媒体界中组织起自己的微环境。有些人害怕技术性质上的新宿命主义,他们也许没有仔细考虑过技术与社会之间的环形关系(埃德加·莫兰[①]会用"经济-生物-人类学"这个词):技术提出方案,社会使用方案。不管怎样,把技术置于伦理讨论之中,有助于把文化置于压力之下,若非如此,我们的社会怎能与我们的机器就人类的变化进行协商?因为最关键的问题不再是

[①] 埃德加·莫兰(Edgar Morin,1921—),法国社会学家、哲学家。

"人类的本质是什么,是哪种",而是另一个由人类的技术起源所提出的、同样具有哲学意义的问题:"明天会发生什么,会有什么样的人产生?"荷尔德林①说:"哪里有危险,哪里就有解决办法的生长。"时至今日,要想得到这种意愿中的前景,就不可能不经历一种被西蒙东称为"技术图式之普通归纳学"的工艺学。这种科学能够为我们指出不同机械系统最有可能得到的发展。不了解这些系统,我们就有可能把它们转化为决定论。同样,媒介学认知所取得的进步,有可能会增加我们的解放力量。**预测**未来的系统会有哪些最为陡峭的斜面出现(因为我们无法预料普遍的趋势):惯性因素的减少、活跃度、渐增的紧密度、数据的压缩、外形的轻巧化,等等;**知道**我们想要什么(比如生活需不需要以屏幕做中介),以便能够从使用和不使用、支持和反对中做出选择并了解前提条件。这种谨慎的后退在我们这里并不意味着"不得不接受"(新技术)的悲哀屈从,而是意味着一种把我们的文化变成有组织的记忆攻势的抱负。这样做不是为了对那些被称为"遗产"的痕迹存储进行管理,而是为了以一种乐观的固执态度,把古老的遗产记录于对未知的全新生产之中。这难道不是一种挑战吗?狄德罗曾欢快地拦腰抱住同时代的工艺美术,从而成功地完成了这项挑战。

不管怎样,对于哲学而言,不能置身于人类未来的技术发生地总是一件憾事,其遗憾程度也许更甚于启蒙时期。在勒内·夏尔②看来,诗人的座右铭应当是:"我的职业是一种尖端职业。"要是在面对当下的谜语时,研究者敢于把这句话当作自己的座右铭,那该有多好。

---

① 荷尔德林(Friedrich Hólderlin,1770—1843),德国诗人、哲学家。
② 勒内·夏尔(René Char,1907—1988),法国当代著名诗人。

二

捍卫影像

本文为申请哲学博士学位而撰，于 1993 年 10 月 23 日在索邦大学（巴黎一大）答辩，答辩委员会成员为：弗朗索瓦·达戈涅（评审人）、阿兰·格拉斯①（主席）、弗朗索瓦·盖里②、雅克·佩里奥。

---

① 阿兰·格拉斯（Alain Gras），法国社会学家、生态学家。
② 弗朗索瓦·盖里（François Guéry, 1944—　），里昂三大哲学系、教授。

如果我承认《影像的生与死》并不以成为博士论文为目标,也并没有受到博士论文的种种束缚——题目的豪放与广阔足以说明这一点——恐怕没有人会感到惊讶。因此,诸位愿意把它看作博士论文,我就更加感激。但是,如果我隐瞒以下这样一个事实,那就是在撒谎:虽然此书有许多的漏洞和草率之处,但它蕴含着一个论文或假设的整体,涉及更多的是如何接近**各种不同的**影像并将它们书写下来,而非大写的影像的本质。我会首先说明这种媒介学分析法不应与何种事物相混淆,然后说明该方法独有的目标、它反对的是何种既成观念,最后说明它所能得出的结论。混乱之处可能会有,但概念却是真实存在的;自相矛盾之处一定会有,但结果可能就隐藏其间:在这里,我们从过去走向未来。

I 邻居与债主

我们的目光史并不是一种关于可见之物的**现象学**,它与梅洛-庞蒂精辟阐释过的现象学(尤其在《眼与心》[*L'Œil et l'esprit*]一书中)无关。要进入存在结构的内部,抓住感知者-被感物(sentant-sensible)的奇迹、人体之谜以及人体对世界的体验,我们不能混淆以下两者:一是对视觉机制的回溯,二是对"看"这一行为的前述谓起源(origine antiprédicative)的回溯。本书中,我们丝毫不想从**明显**的有形状态,来研究具有**潜在**意义的、模糊不清的层面。本书中没有需要戳破的幻梦,没有需要拆卸的定见(doxa)。总之,没有任何需要认清的真相。比起现象学家的深度研究方法,我们谦逊地倾向于通过绝对外在的历史方法,对影像实践进行研究,从而对"看"的方式做出差别性分析。

从可见之物追溯到目光,这可能会在一定程度上令人想起福柯理论所引发的考古学行为之一。这些考古学家的方法确实同时具有**历史性**和**描述性**。具有历史性是因为,该方法标识出,在目光这一表面连续的内部,有某些不连续的界限。具有描述性是因为,这种方法并不是标准,它尽可能地摈弃所有价值判断。但是,我们的方法不同于任何理性史(或理性史投下的阴影——疯狂)。这里我们想要做的是追溯**信仰制度**,它们并不落后于已经形成的知识或正在形成的推论,而是落后于一些被分门别类了的艺术形式。然而,我们并不执着于这样或那样的一个绘画作品,甚至不会为了建立一个确切的切面而执着于某种影像类型或影像风格。我们把自己定位在某种艺术史的上上游,这种艺术史从一个响亮的名字跳到另一个响亮的名字,吹嘘作品的独一无二并审视它们的内在结构。在被人们骄傲地称之为"艺术"的孤岛上,影像互相繁殖,有关造型的故事牢牢地扎下了根。我们的所在之处与这些故事相去甚远。

还要说明的是,我们的研究也处于某种与(以贡布里希①、巴克森德尔②、阿尔佩斯③、哈斯克尔④为代表的)瓦尔堡学派一脉相承的艺术社会史的上游。与李格尔⑤、沃尔夫林⑥以及那些所谓的"历史内在环境因素研究者"所不同的是,这种社会史在社会系列与艺术系列之间建立起了具体的联系:绘画被视作画家与观众之间合作的结果,其可取之处在于通过凸显每一个确切的中介者——发起人、资助人、商人,等等——而避免了唯社会学论的简化。这些介质是"思想与作品之间的过河之石"(巴克森德尔),或者取另一个经典的例子来说,它们"介于哥特式建筑和经院哲学思想之间"(帕诺夫斯基⑦)。我们的方法与这种艺术社会史有着两个明显的不同之处。第一个不同就十分有利于领地的划分:我们致力于提取类型,而这一点并不为盎格鲁-撒克逊式的研究所了解。盎格鲁-撒克逊方式回避综合理论,因为综合理论选择通过

---

① 贡布里希(Ernst Gombrich,1909—2001),英国美学家、艺术史家。
② 巴克森德尔(Michael Baxandall,1933—2008),英国文化史家、艺术史家、艺术批评家。
③ 阿尔佩斯(Hans Joachim Alpers,1943—),德国编辑、科幻小说家。
④ 哈斯克尔(Francis Haskell,1928—2000),英国艺术史家。
⑤ 李格尔(Aloïs Riegl,1858—1905),奥地利著名艺术史家,维也纳艺术史学派的主要代表,现代西方艺术史的奠基人之一。
⑥ 沃尔夫林(Heinrich Wölfflin,1864—1945),瑞士美学家、美术史家,西方艺术科学的创始人之一。
⑦ 帕诺夫斯基(Erwin Panofsky,1892—1968),德裔美籍犹太学者,著名艺术史家。

某一对象的特殊性——"微观关系交织而成的网络"(金茨堡①)——而进入总体现实。这些历史学家使用的是短焦距:研究"伦勃朗的画室"或者"意大利15世纪文艺复兴之眼"。这就是这些研究的意义,我们已经从中汲取了许多知识。第二个不同在于,我们拒绝这种实证优势(或实证主义优势)带来的弊端:因为没有长焦距,这些作者无法概括并深入讨论他们所使用的概念,比如艺术、作品、品味、艺术批评,等等。举个例子,像哈斯克尔这样的学者研究的是西方品味变迁史及其不断的复兴(罗马艺术如何在1818年左右被创造出来,又如何在哥特艺术之后不久得到复兴),而不是品味观的历史,也不是使品味观成为可能的历史。

相反,我们更加直接地比邻于(我们暂且留在美学领域,但它对我们而言只不过个临时落脚点)一种关于艺术感知的社会学,类似于布尔迪厄所开创的那种。我们认为,这种社会学正确地拒绝了对本质的分析,用审美姿态起源这个问题取代了本体论问题。它远离那些庆祝演说和或多或少使人欣喜若狂的现象学,它概括并深入研究的是从审美传统那儿接受的概念,并且把"艺术"重新引向社会所建立的信仰现象学,引向某一自治场域的历史制度化工作。无需隐瞒我们所欠下的债:通过其他的途径,我们对艺术品——比如风景画或自画像——的历史可能条件所做的分析与社会学家的结论是一致的。但是,我斗胆说一句,我们的分析并不止步于此。我们的视觉功效史事实上由双重的部分写就:工具与信仰。西方审美目光的建立(我们的第二阶段)意味着偶像崇拜目光的渐渐褪色(我们的第一阶段),它指向的是宗教组织的文化史:对艺术思辨真相的批判揭露应当包围**神学场域**(后文中我会再次讲到),进而触及问题的要害。而且,这种揭露应当同时包围**技术场域**。这不仅仅是因为:为了使造型客体脱离自身的限制(印象派、立

---

① 金茨堡(Carlos Ginzburg, 1946——),法国概念艺术家、分形艺术理论学家,出生于阿根廷。

体派、未来派、运动艺术,等等),现代艺术不断地精炼,这种精炼很大程度上源于非艺术的外在竞争,黑白照片、电影、蒙太奇,等等,就是这些非艺术的最初形式。更重要的原因是,艺术家的社会生产取决于艺术**对象**的生产模式,这些模式自身又会决定艺术**市场**的建立程序。可以被私人占有、作为唯一对象的作品的概念,或者广义的、作为区分艺术性与非艺术性之标准的"独创性"这一关键概念,都不能单独组成意识形态概念和贸易类型。它们是**工业概念**(恰恰是因为它们反工业)。"技术复制"改变了独创性对象的生产条件,而且正如杰出的米歇尔·梅洛[1]通过铜版画而指出的那样,复制品的人为减少和潜在购买者的社会减少(雕塑的限量生产、编了号的照片、石版画的"艺术家试样",等等)决定了艺术市场的标准,这些标准又反过来影响艺术对象的本质[2]。突出"艺术品的质量外在于艺术品的质量"(米歇尔·梅洛),等于最终承认技术与审美之间的本质联系。社会学家倾向于描绘一个**没有客体的主体**世界;技术学家则倾向于描绘一个**没有主体的客体**世界。媒介学方法的新颖之处——如果大家愿意承认它有新颖之处的话——将在于它超越物质与形式之间的和解,或物质设备与精神状态之间的和解,在于它**增加审美与技术之间的桥梁**,增加主体和客体之间的桥梁。在每一个时代,主客体都是互为基础的。我们也许不得不要提醒社会学家,有客体的存在,客体有历史,而且这种物质历史起着决定性的作用;还要提醒技术学家,决定工艺和机器的历史并不孤立,任何技术革新都会立刻被某一社会环境和社会关系变成介质。

---

[1] 米歇尔·梅洛(Michel Melot,1943—),法国艺术史家。

[2] Michel Melot, «La notion d'originalité et son importance dans la définition des objets d'art», *Sociologie de l'art*, Congrès de la Société française de sociologie, Marseille, 1986. 该书对杜尚的现成物艺术品进行了敏锐的分析,认为它是"抵抗批量生产的疫苗"。——原注

Ⅱ 从本质到效用

既然我们是从英语的**图像**(picture)一词的客观意义出发(不是自然图像、精神图像或文学图像)来使用"影像"这个带有翅膀又千变万化的术语,那我们就不愿向视觉赝象提出这样一个本质问题:**什么是影像?** 也不愿提出意义问题:**这意味着什么?** 我们要提出的,是实际问题:**它是怎样形成的? 我们能用它来做什么? 它有什么用?** 我们完全贴合"用途逻辑"(雅克·佩里奥)。从前的宗教实践,后来的品味实践,如今的定位(repérage)实践:这个演变过程所探测的是影像那些被假设为内在的属性。在非常漫长的视觉和心理的双重历史进程里,我们与这种影像一直保持着多变的关系。

媒介学研究的是符号的效应,而影像媒介学研究的是"图像的效应"(达尼埃尔·布纽)。通过自身的生产技术和我们的文化感知系统,影像发展出了怎样的惊愕效应、强制效应和俘虏效应? 它们是存在效应,是艺术效应,是信息效应:我们认为,从提示或教学的角度来看,这三种效应就是影像之符号功能的基本划分。符号来源于希腊语中的sunballein,是"重新放在一起""聚合"和"起桥梁作用"的意思。在我们看来,符号功能和媒介功能是同义词。回答"影像是什么事物的媒介,它使我们与什么事物发生关系,它能给我们传输些什么"这样的问题,就等于具体地确定这个或那个影像承载着什么样的符号操作,或者确定某一文化用什么样的眼光来观看影像。

★

因此,影像媒介学研究的是一种效应理论,而不是关于实际价值或关于美的理论。相较于帕诺夫斯基的"图像学"(iconologie),我们更接近于玛丽-若泽·蒙赞①的"图像统治"(iconocratie)。因此,我们的目光史从整体属性上来讲并不十分符合天主教教义,也并非"包罗万象":它从一开始就忽略知识工具,选择在权力上下赌注。确实,影像具有一种面向事物的认知和教学用途,这就是古老的有关诱饵、复制和模拟的柏拉图哲学命题。今天,这个命题由模型思想进行了革新,被科学影像革命完全颠倒了过来。影像还有另外一个用途,即面向上帝和人类的情感与动力用途,这就是关于渎神和诱惑、关于圣像破坏运动和"影像战争"的命题,如果我们愿意的话,它可以涉及从大马士革的圣约翰②到"文化例外"的一系列问题,或者涉及从拜占庭圣像到好莱坞电影的一系列问题。用蒙赞的话来说,拜占庭圣像是一种"思想占领计划",而好莱坞电影是一种对全球反射镜的占领计划。影像的这两种用途在现实中互相交织,但我想我们可以分辨出它们各自的偏向。姑且认为影像有纯粹理性和实际理性之分。认知更偏向于支撑"逻辑图像"(皮尔士),比如图表、地图、图式、统计表,等等——它们是可视图像,不是象征图像。权力则更偏向于那些类似于画作、壁画、照片、电影镜头这样具有相似性和象征性的图像。媒介学更注重权力的投射,而非知识的建立,因此,它一开始就把我们引向镜头影像,因为镜头影像是人与人之间的中间介质,是物证。媒介学不会把我们引向客体影像,因为客体影像是人与自然之间的中间介质,它通过"塑造、概括、建立模型"三部

---

① 玛丽-若泽·蒙赞(Marie-José Mondzain,1944—),法国哲学家,主攻艺术与图像研究。

② 大马士革的圣约翰(Jean Damascène,约 675—约 749),基督教东方教会修士、希腊东正教神学家,生于大马士革。他于公元 730 年左右著《论圣像》三篇,驳斥拜占庭皇帝利奥三世及反对圣像的人。

曲把真实变得"可视,可读,可预见"。这就是为什么本文更加关注作为统治手段和诱惑手段的电视屏幕,而不是作为发现手段和智力手段的电脑屏幕。这就是为什么我们断然地牺牲了探询本质的传统,转而研究影像的存在,亦即以另一种方式来接近本质这个问题。

★

弗朗索瓦·达戈涅曾发现:"影像开始移动,并离开那些束缚它已久的布条"(《影像哲学》[*Philosophie de l'image*]1984)。最后,他劝告人们去"思索影像以及影像的变化"。这正是我们试图去做的事,但我们更多的是**通过影像的变化来思索影像**。我们不要再一次把它看作"本相的变化",进而从中提取出一种影像的"不变量"——一种游移不定或者已经消失了的本质。"思索影像以及影像的变化"中的"以及"指的不单单是一种简单的信息补充。我们意图严肃地对待使影像得到生产、投射和传播的物质程序,因为我们认为,生产中任何一个变化都会导致本质和地位的变化。技术支配着影像本体论:用需要两小时曝光时间的玻璃板和用宝丽来相机拍出的照片不是同一个类型。正如弗朗索瓦·达戈涅经常提醒我们的那样,一个世纪以来,技术的进步已经为影像扫除了一切障碍,而在此之前的二十五个世纪,圣像厌恶者们一直诋毁这些障碍,说它们是哲学上无法逾越的事物。这些障碍和相对应的技术进步有:色彩(乳胶的发明),动作(电影的发明),人体内部以及看不见的构造(X光、断层摄影术、扫描仪以及核磁共振的发明),原件相对于复件的优势以及真实相对于表象的优势(数码生产的发明)。

瓦尔特·本雅明关于艺术创造所做过的暗示(生产手段改变了"艺术自身的本质")难道不适用于从洞穴壁画到合成影像的所有影像类型?更何况,视觉艺术需要越来越复杂的一套装备,从照相机到电脑,影像的技术维度不断增加("电影**也可看作一种产业**",而电视**一开始就是一种产业**"。设备不再像本雅明时代那样,处于复制的下游,而是处于设计的上游。因此,在面对影像时,要是不先倾听或阅读技术学家的看法,就无法做一个严谨的哲学家。这意味着:不要把物质和手工绘画业(胶画、蜡画、油画、丙烯颜料)的发展扔进"物质历史"的侧厅或者"视觉讯息符号学"的地窖,也不要一概撇弃那些制造巴洛克奇幻的古老机器(风车与水泵、喷泉、水池、仙鹤以及有生命的洞穴)、最初的一长列视觉装置(幻灯、幻视器、全景图、回转动画镜)以及电影刚起步阶段时(从马雷摄影枪开始)那些至关重要的初步探索。这还意味着:我们应该**首先**自问和我们打交道的是哪种影像,它有什么样的载体,依靠的是什么样的取景设备,在什么地方发生,用的又是什么样的复原装置,而不是像那几个痴迷于语言——我指的是一种被简化为符号的语言——的智者一样投身于"陈述"研究或"图像叙述"研究。通过每格画面在暗室中的光投而在屏幕上形成的影像和阴极流在发光面上感应出来的影像不属于同一个"符号"范畴。我们不能把电影的**客体影像**、电视的**效果影像**(序列扫描的效果)与虚拟的**构思影像**(想象自己的身体在克隆人中的延续,或者预测未来)放进相同的范畴去理解。三者涉及的空间互不相同:电影是固体的造型空间,电视是稀释和可延展的空间,"网络空间"是互动和合并的空间。三者涉及的时间也不同:表演的延时(电影),直播的即时(电视直播),虚拟空间的实时。"我在电影屏幕的**对面**","我在电视屏幕的**后面**"和"我在虚拟环境的**里面**"并不意味着视线的变化,而是意味着可见之物的变化。我们并不知道图像、绘画、照片、照片小说、连环画、电影、电视等类型的下面隐藏着什么样的影像系统,我们所遇到的仅仅是目光系统而已。换言之,虽然人们在自然**语言**的基础上形成了**言语**的概念并且从理论上赋予其合理性,但我并不确信我们能对绘画雕刻影像、照片和视听影像等使用相同的抽象化程序。让**图像学**(*iconistique*)成为有关影像的总体科学并让它成为语言学在影像中的对应物,这在我看来是一个虚幻的目标。

我们看到,内容和形式颠倒了过来:被符号学家称为影像阐释之"实际背景"的东西,我们却要把它变成我们的文本,变成我们的资料库。我们还要把视觉现象的"意义"变成一个简单的语义背景。比如,这背景可以是观看者的身体状况,它决定了被观看的影像能够引起的心理效应。电影背景所产生的真实效果不同于电视背景所产生的真实效果。当我身处电影放映室这个黑暗和匿名的空间时——巴特将这种情况形容为"前催眠状态"(préhypnotique)——是我主动向银幕靠拢。它将我吞噬。身体的发动机被刹住了。我当然可以转动脑袋,闭上眼睛,但这种拒绝的姿态在电影院里是不正常的,不仅仅是因为我付了钱来看电影并坐在一排排陌生人中间,更因为连续的放映迫使我追随那些不能变动(ne varietur)的片段和具有强制性的连贯影像,它们独立于我的意志而存在。相反,看电视的时候,并没有什么观看制度可以约束我们:不需固定身体,不需中止任何行动,我们可以说话,也可以交谈。日常空间与日常时间中没有出现间断:我在自己家里,在家人中间,身旁是熟悉得不能再熟悉的起居设备。在大众放映前面,人们是**旁观者**的姿态,正如旁观一次典礼、一场演出,而在面向您、在您家里发生的私人放映面前,情况完全不同。这就是为什么看电视时,人们的注意力具有漂游性、窃取性和啄食性;"真实效果"更高了,人们的警觉性却反而降低。电影以消遣的姿态出现,它从我的生活时间和我所在的城市空间里被切割下来;电视则是以提供信息的姿态出现,它既不中断也不切割,它和其余的事物是连贯的。这就促使电视观众这种并非观众的人更加容易受到暗示的影响。电影梦已经进入黑暗,电视梦这种白日梦却还属于清醒状态时的一种半静半动。也许做梦的人并不知道自己在做梦,但电影观众却知道自己身在电影院(需要在外面排队等待的场次和幕间休息则是一场噩梦)。可以把电影比作一种**蓄意为之的梦境**,一种自愿而特别的梦游,而电视则可以比作一种主动献给你的真实,它中庸,朦胧,具有中间色调。

因此,为了理解影像,我们毫不犹豫地选择了将影像"物化",这是与古典哲学(包括萨特)所特有的理想化方法背道而驰的。我们要直接进入影像表现的物质性:**载体**(墙面、羊皮纸、木材、画布)、**材料**(色素、贵金属)、**机器**。这是因为,诗学移印技术,追随技术,而技术每一次都会冲击我们的感知习惯,冲击艺术之间人为形成的等级。想想看,电视遥控这个小小的技术革新正在改变我们的目光,甚至改变我们的文化:它产生了**间断**、并列以及对**重要时刻**(*temps fort*)的崇拜。这就是另一种在影像**之间**而非影像内部往来的方式①。谁在电视上购物,谁就会渐渐习惯全盘接受某一叙述。用句子的罗列来代替句法,这与书面语有关,也与显示器有关:这是另一种阅读方式,甚至是另一种撰写方式。也是另一种编辑或设计报纸头条的方式。

---

① 关于这一点请参考巴尔比耶-布韦([Jean-Francois Barbier Bouvet]巴亚[Bayard]出版社研究部主任)的分析,特别是《把书页当作影像来读》一文([*Lire la page comme une image*]油印讲义,1993)。——原注

Ⅲ 影像不是语言

如前所述,由于集中关注技术的变化,我们从一开始就站在了辉煌的符号学的对面,站在了"让曾是影像话语而不是关于影像之话语的影像具有话语"这一计划的对面。上面这个出色的句子来自已故的路易·马兰①。在我们看来,符号的功能并不自动属于符号学范畴。把看和说的机制混淆在"符号"这个总括性的概念里而不去区分不同类型的符号,这种做法会把我们引进死胡同。当然,从版画到我们如今的视听手段,人们每一天都在把影像放进文本,把文本放进影像之中或影像之下。这些"符号对象"和"图像文本"(照片小说或图形诗)并非通过元素的混用而在我们身上起作用。相反,正是由于它们的不同性质,混用才有了价值。图像学要是以能将可视与可读重叠起来而自得,那它自身结果的贫乏很可能导致它的假设站不住脚。语言的有序并不能反推出一切意义的无序,我们应该毫不悲伤地服从目光体验,把它看作无可救药的逻辑无序,或者更确切地说,不可估量的逻辑无序。

这里所涉及的不仅仅是一个美丽的学术幻境,也是隐喻的整个日常机制,就是当我们说"阅读图像""电影语言""风格语法""图画词汇"

---

① 路易·马兰(Louis Marin,1931—1992),法国哲学家、历史学家、符号学家、艺术批评家。

"象形句法"等时所使用的机制。不得不说,这是对语言的一种滥用。60年代初,最早发起电视授课、用法语教授哲学的迪娜·德雷富斯①女士曾致力于消除这种滥用。② 她说,正当作为易感物质的符号让位于自身的意义时,"我们千万不能忘记影像的易感性,否则它就会完完全全地消失"。她和别的学者一道,建议人们接受从一幅图画中看到一个**含义**客体,而不是一个**能指**客体,因为该客体不能被分解为一个个属于"双重连接系统"(纵聚合轴与横组合轴)的单位。我们可以"破译"这个客体,但是不能将它解码。解码意味着可以自称穷尽了客体的含义,而破译只是从模棱两可、永难定论的客体中抽取出一些重叠的意义层。公路指示牌是单义的,它是一个封闭的信号,正因为如此,我们才可以讲"交规"。被称为艺术影像的客体则是多义、模棱两可的。可视的表意文字被关闭在约定俗成的符号之中,影像却总是意味着有别的东西存在,它无穷无尽,难以捉摸,是连接诸多可能的枢纽。要形成编码,只有两个相对的层次或平面是不够的,还需要有一种固定的对应存在。可以这样说,古老的偶像或者天主教偶像是一个具有两面性的符号,它既看得见又看不见,既自然又超自然。一座希腊雕像既可以是活生生浮现在眼前的雅典娜本人,又可以是一个被放置在雅典古卫城哪个庙宇中的用象牙和黄金塑就的物体。严格来说,这个可触知的物体所指的对象是神圣,它成为了符号(面向一种神圣的存在)。但是我们不能说这种存在就是该物体的"所指",也不能说这座雕像听从某一句法的命令。如果这些情况确实存在,那就会出现一些不可接受的图像,因为它们违反了句法系统所假设的组合规则。但是,任何的对应情况都是有可能的:韦尔南告诉我们,在希腊社会,不管是什么样的形式都可以"代表任何一个神"。语法却是一个由规则组成的整体,这些规则决定了不可兼容性的存在。

---

① 迪娜·德雷富斯(Dina Dreyfus, 1911—1999),法国哲学家、人种学家。
② *Revue de l'enseignement philosophique*, n° 3/4, février-mai 1962. ——原注

公元 9 世纪,查理大帝时期的神学家们在区分符号(signum)的抽象和图像(imago)或图形(figura)的写实时认为:智力活动是必不可缺的。符号科学能否取得足够的进步从而取消智力活动呢?那时的人们把以图画或手势出现的十字架符号(signum crucis)——如君士坦丁大帝时期的十字架——与木头或象牙雕刻成的三维十字架对立了起来。装饰艺术当然能为我们提供一整套处于这两极之间的中间事物,但似乎丝毫不妨碍人们对这两种现实范畴进行物质和概念上的区分,这一点就连最普通的观察都能证明。

不言而喻的是,可视讯息的显著特征并没有逃脱符号学家的洞察力。为了提醒大家,我们再次说明一下。首先,说话主体并不干涉影像的生产,也不干涉他人对影像的即时感知。尼古拉·普桑①说:"绘画是一种沉默的诗歌。"其次,影像中,与我们打交道的是空间性而不是时间性。一幅画作、一张版画、一张照片因为其不同部分的共同存在而逃脱语言的线性连续。直觉将它们当作一个整体、当作一个即时感觉的综合体——视觉同时看到"一切"(totum simul)。影像是一种切分法,是不同时刻的缩合,在一切缓慢观察、一切仔细探索和一切对影像空间的逐步占有之初,都存在着一种闪光:人们初次接触影像时所产生的激动(和别的愉悦一样,视觉愉悦类似于时间的停顿)。

符号学家不会从中看到困难的存在,因为"符号学的概念工具比语言学的概念工具更加笼统"(艾柯)。符号的世界囊括了从动物符号到"身势学"或说姿势符号学的一切,它超出了语言,走在语言之前。符号学家会对我们说,不是所有的编码都是语言,正如不是所有的讯息都是言语。口头符号只不过是一种被艾柯称为"符号性"(ségnicité)的特殊情况而已。符号学从语言分析中提取了编码这一概念并视之为逻辑关系的正式网络。然后,符号学认为必须把解码行为向远处扩展,一直扩

---

① 尼古拉·普桑(Nicolas Poussin,1594—1665),法国画家,古典主义画派的重要代表。

展到它本来的有效场域之外,因此,符号学提出:语言是编码的一种特殊形式,不能把语言的缺失归根于编码的缺失。这真是一种天才的推论,尽管它并没有得到论证,它照样可以使人们回答所有持反对意见的推论(从语言规则到超语言领域),尤其可以使人们将影像这样一个明显与语言无关的对象重新置于话语事实之中,把它放到能指对象的地位上。在皮尔士的术语中,普通的影像类似于"图像"(icône)或与之相似的符号,它与它所指对象之间的天然相像决定了它的性质,使它不具有"象征"或语言符号所特有的偶然性。要切割一幅画或一张图的色彩连续或线性连续似乎很难,更不必说把某一雕塑或任一三维造型物品的体积切割成词素/音素类的、具有定位价值和对立价值的不同单位(比如乐曲的音调与音符)。我们可以说(在试着**同样**把影像切割成确切的段落之后):"相像本身就被编了码",或者,"影像符号与其所指的对象之间所存在的天然相像关系"属于社会文化类型,建立在"模仿类代码的约定俗成"之上(艾柯)。因此,符号学阐释可以在最后一刻把类似的领域从边缘上拉回来。因为概念有着宽大的灵活性,所以我们可以使用"不确定的聚合体"(麦兹①)和"弱代码"(艾柯)这些词,它们以"多或少"(而非"是或否")为基础。我们可以迎难而上,把某些特定的纵聚合归入某些潜在的横组合,从而发明出一些元语言。电影具有可分割性,作为其基本单位的镜头环环相扣,因此电影可以为我们提供一个诱人的资料库。按时间顺序发展的情节——或称叙述性——可以通过序列的形式建立某些属于自己的横组合,这些序列再通过与横组合电影(film-syntagme)之间的关系,以纵聚合的形式发挥作用。连环画更是一种为我们而生的猎物,因为连环画中有对话框,"漫画叙述学研究"(stripologie)可以把这些对话框看作"词汇单位"或说阅读单位。相对于渐逝的电影画面而言,连环画具有容易复制和固定的优点。但是,对所有"影像修辞学"而言,最理想的材料莫过于广告画。罗兰·巴特在

---

① 克里斯蒂安·麦兹(Christian Metz,1931—1993),法国著名电影符号学家。

他那篇著名的文章里坦言,广告画是一种"再简单不过"的事物:产品是客体,产品的特性是所指;企业是发送者,消费者是接收者。在面对张贴画或被我们拿来分析的广告插页时,文字讯息和符号讯息之间的区别自然而然地使我们把作为"外延能指"的对象本身与广告所突出的"内涵所指"对立了起来。说得更俗一点,也就是把"看得见的东西"和"想得到的东西"对立了起来。这里,第二等级已经被包含在第一等级之中,但是广告的符号盔甲对双方来说都有百利而无一弊。一方的智慧得到了尊重,另一方的支付又变得现代化,这份社会契约让人难以抗拒。从科学上来说,该契约是否具有繁殖力?广告讯息对于编码-解码行为来说不过是小儿科,答案都写在黑板上了。一幅以神话或圣经故事为主题的古典绘画则相当于高考试卷。照片报道具有绝妙的偶然性,它没有可参考的文本,它是一个先于思想和意义而存在的世界的碎片,是事物超出了话语,因此,对视觉符号学而言,照片报道相当于一堂针对教师会考而设的课:说实话,没有任何人能通过考试,只有改变学科才有可能成功(把教师会考变成文学或哲学考试)。

　　那些精于符号阐释的高手,我们在面对他们的智力滥用和高超技艺时不禁目瞪口呆。他们对影像的"阅读"对思想而言是一场场庆祝会,可阅读的结果却让我们更加困惑。好像它们的作者在分析的末尾所找到的,只不过是他们一开始就已经放进去的东西。一门科学要想获得实证性(媒介学并不自以为是一种科学),单单拒绝规范、从最权威的资料那儿借用阅读方式是不够的:这也许就是我们该吸取的教训。

　　为什么要回到这些或多或少已经流产了的理论行为呢?因为从前围绕"影像陈述"打转的死语言衬托出了视觉中生动和叛逆的一面。诗人不是比理论学家更好地抓住了这一点吗?在讲到那些"除了惊恐的目光几乎别无其他目击者"的奇观时,安德烈·布勒东是如此为《超现实主义与绘画》(*Le Surréalisme et la peinture*)一书开篇的:"眼睛以**原始状态**存在[……],它支配着符号的传统交流,这种交流似乎为思想的航行所需。"他又补充说道:"但是谁会来建立视觉的等级呢?……"

编码等于社会化(语言和团体并驾齐驱),同时也等于把孤僻的东西纳入进来,把不规则和不寻常变得正规。人们之所以把影像符号化,是为了摆脱影像,为了把影像那一贯的野性溶解在语言的酸液中吗?是为了压制这个坏榜样,压制影像天生的质朴,以及影像这种令人不安的"愚蠢"("蠢人"在希腊语中指的是公众人物的对立面,也就是没有教养、无知的人)吗?酷似原物的影像确实是愚蠢的,因为它无法具有普遍性的外延,无法具有一般性,它拒绝模式化(我们可以说"一般概念",但不能说"一般影像")。而且,它天生沉默,它是个婴儿,让人怎么也捉摸不透(词语为所有人而存在,但是一个影像只为我而存在,它为我量身制作,与我相投)。人们把对语言、语义和句法的钳制加到了影像的头上,仿佛我们从来就害怕看见,或者害怕想看见的欲望,仿佛视觉里有什么令人目眩的东西,这东西就是影像令人害怕之处,是它可怕的沉默。有一天,法国Canal+电视台让戈达尔①在拍摄他的《电影史与电视史》(*Histoire*[*s*] *du cinéma et de la télévision*)之前先写一篇文章,戈达尔是这样回答的:"奇怪,为了验证这样一个计划是否有必要,他们需要写在纸上的词语,而我们应该做的是用影像和声音来讲述影像和声音的历史,讲述两者结合的历史——声画合成拷贝在英语中是'married print'。真奇怪,仿佛他们需要利用纸页上的语句的阴影来保护自己的眼睛不被来自屏幕的质朴光线所刺伤。仿佛需要再次屏蔽,只把电影当作回忆来引用,同时取走电影这种**惊人的力量**,而恰恰是因为这种力量,电影才成为第一种和唯一一种真正属于大众的艺术"。

也许善用语言的人在面对无声的传输和未经编码的符号时,隐隐约约感到了一种负罪感。也许我们可以把符号学的风行以及所有那些把非语言变成语言的方式理解为一种面向发送者的回归,一种把怀疑转移到所有那些逃脱编码秩序的捣蛋鬼身上的诡计。这些深奥的努力

---

① 让-吕克·戈达尔(Jean-Luc Godard,1930—),法国电影导演,新浪潮电影的代表人物之一。

也许是为了让想象力回到词语的理性上来,让自然变成规范,让感官具有语法。总之,是为了故作聪明。而隐藏在这些努力之后的,是人们的态度:拒绝接受影像本质上的不可理解性,破坏被影像这个语言的抵抗者所考验过的智力机制。因此,这也是仇恨的征兆,是对质朴由来已久的排斥。让所有自然的东西都变成伪自然,让所有的天真都变得可疑,让"真实的幻觉"吐出赃物,这也许就是最近一个阶段人文科学的一个巨大幻梦。这其中,除了文人的报复之外,还有一种传统的对动物性——我的意思是自然性——的否认。

对影像整体的体验使我们的人文科学陷入狼狈和短路的境地,打断了我们的客套。因此,它几乎能使我们对动物性有一个感性的认识。仿佛一个先于圣言的躯体突然重新出现,打破了表面的符号秩序。而记号(indice)的入侵给我们带来的精神创伤甚于图像——动物能嗅到记号,正因如此,我们人类才知道有记号的存在。一张照片难道不正如气味一样令人不安吗?照片像气味一样古怪,又像气味一样扣人心弦。照片就像是一种针对眼睛的气味,由某个载体记录并定格为永恒。照片是一种长久的气味,是一小块可运输、可储存的皮肤。对于那些在我们记忆中留下痕迹的照片,难道不是可以说:"我们对它们有切肤之爱"吗?这里,我们的目光不再是反射性的目光,它可以变成接触、抚摸或触碰。视觉(optisch)变成了触觉(haptisch)。记号从根本上来说是难以描述和无意的,而对文明世界(作品和再现行为的世界)而言,难以描述和无意是两种粗暴的无礼行为,是纯粹的符号暴力,是影像的闯入对符号造成的暴力。记号型符号(比如拉斯科洞窟中的镂空手印)和相似型图像(比如印象派风景画)在会说话的成年人身上唤醒了"叹息、抚摸和呐喊的宝藏",唤醒了他在还是一个介于出生和学龄之间的幼儿时所感受到的纷乱心绪。也许可以说,影像修辞学是存在的,但是,在任何一个影像中,都有一种被亵渎了的修辞。

解释简单的东西总比解释复杂的东西要难,解释最初总比解释后来要难,解释不可编码之物总比解释已成代码之物要难。人们急匆匆地把最复杂的东西简化为最简单的东西,我们把这种行为叫作"简化主义"。相反的行为可以被叫作"过分细腻主义":用复杂来解释简单,这就是过分复杂的符号学所做的事情。尽管后面这种逻辑主义意味着需要付出许多精力,但那些高谈阔论者照样趋之若鹜。而我们想做的是,矫正这种做法,迫使飞速进步的研究工作承认自己有退步和后撤的权力。

我们该提及影像的野性或无知,因为正是这种野性造就了影像在媒介学中的优势。比起话语来,图像更接近话语向行动的转变,更为这种转变所特有。图像的剩余价值在于代码的不足。图像的沉默先于语义存在,赋予影像以下这些特殊的能力:可接近性、可靠性、易感性和灵活性。一直以来,吝啬的人们把这些能力都留给了文本,简直让文本达到了称霸的地位。然而,相似并非如巴特所担心的那样是一种贫瘠的意义。它是一种丰富的意义。

表面上,通过有组织的政治扩张或内在的流浪倾向,影像占据了空间,甚至所有的空间;它膨胀,流通,它自由,飞翔,它不可阻挡,因为它逃脱了语言能力的社会界限和领土界限。它是不需要阿斯米教程(Assimil)的世界语,它是所有符号的最佳集中地(纳达尔①关于柯达相机曾这样说:"它就像是沃拉普克语②中的一个词,一种未来的语言")。我不可能阅读所有的书籍,但是我可以粗略或仔细地看完所有的影像而不需借助翻译或字典。要是不先大致学习一下中国的历史,我就不能学习汉语,但我可以观看一部中国电影,并且不需要知道中国的历史就能欣赏这部电影。一边是没有画面的意指语言,一边是任何意义都被包裹在表现价值中的影像,两者的分量不一样,影响力也不一样。当我开车从高速公路去普罗旺斯,在经过圣维多利亚山时,有一块路牌告诉我:"塞尚画中之景"——所有人都明白这是什么意思,就算是荷兰人

---

① 热罗尼姆·纳达尔(Jerónimo Nadal, 1507—1580),西班牙耶稣会会士。
② 由德国人约翰·马丁·施莱尔(Johann Martin Schleyer)于1880年创造的一种人工语言,是世界语的先驱。

和英国人也不例外。再往前开,在那些因为帕尼奥尔①的小说而变得不朽的景色前面,又有一块路牌告诉我:"加拉邦山丘"。要是没有《父亲的荣耀》(La Gloire de mon père)这本书,这块路牌就不会被放在这里。但是,那些结队开车路过的外国人可能并不知道帕尼奥尔。从拜占庭到美国,所有的帝国都知道这样的历史教训:为了让您变得世人皆知,为了统领全世界,与其制造书籍,不如制造影像。当然,明信片(照片加手写)和"改编自小说"的电影也是可以的,但是,每个人都知道演员和导演的名字,可又有谁会关注编剧呢?

影像在纵深处钻孔,打眼。它坚持不懈,发出鸣响。最近我们对回忆的变量进行了一次计算,以 100 为指数,以影像为主的广告造成的回忆变量为 117,而以文本为主的广告造成的变量为 76。使影像化讯息变得"无法抗拒"的,是它所承载的情感因素,以及这种情感在人们心中引起的共鸣。天主教徒在广告商产生的一千五百年前就已经明白了这个道理:没有一目了然的影像,就没有有效的宗教教育。这个概念足够让人学习某种教条,但不足以让人遇见三位一体中的任何一位,更不足以让人获得新生,让整个生命都得到改变。与语言对等的是智商,宗教影像所触及的则是化为肉身的意识。语言的搁置能造成感官的兴奋,等于身体的动员与参与,因此我们可以把它形容为属于安乐或焦虑范畴的陶醉、享受、心碎等种种感情。从词源上来看,感情(émotion)就是"行动"。在他那封著名的致马赛主教的信件中,教皇格里高利一世提出了《白丁圣经》(Biblia idiotarum)的想法。《白丁圣经》的教学和记忆功能与福音传教和传教士守则直接相关。为巴特所珍爱的"刺点"(punctum)发展成了传教的手段。从纳达尔的"对东西印度公司十分有用"的《福音历史绘卷》([Evangelicae historiae imagines]1593),到"图像与殖民地"展览(塞内加尔土著步兵和"神秘的沙漠人"),均是如

---

① 马塞尔·帕尼奥尔(Marcel Pagnol,1895—1974),法国著名作家、电影艺术家,代表作有《父亲的荣耀》《母亲的城堡》等。

此。为上帝而战的耶稣会会士有意地使用基督剧本中的地点影像和人物影像,这样不仅能让人更好地了解主,也能更好地爱他进而**追随他**。影像的实用性只有通过影像的色情性才能实现。

总而言之,我们可以说,把推论逻辑延伸到整个影像帝国等于同时忽视了该帝国的两个基本维度:战略维度与力比多维度。或者等于忽视该帝国的两个赌注:政治赌注与爱情赌注,两者互为因果。偶像是一种给人带来活力的可爱物品,影像的女性特征和影像之战同时存在——或者同时消失。

IV 宗教唯物主义

就算我们拒绝哲学传统中的逻各斯中心主义,我们也似乎不应该把这种传统全盘抛弃。柏拉图在《克拉底鲁篇》(*Cratyle*)中写道:有两种方式可以表现一个人,图像或者语言(430c)。要么说出他的名字,要么展示他的肖像。这当然不是一个非此即彼的选择,但从价值或价态(valence)的角度来讲,人类历史甫一开始,就有一种本源的双重性:想象和论战的二元对立(所有的影像理论学家几乎都可以作证,他们与影像之间存在着一种论战关系)。我们也许可以通过巴舍拉尔式的感性心理分析来延伸这种双重性。世界上存在着一种厌恶图像的传统或心结,它既是思想结构又是感性结构,它把柏拉图和萨特秘密地连接了起来。我们并不想从昔日那些痴迷于分门别类的人那里借来僵化的分割癖,但我们照样可以把影像与语言的不同价值列成以下的图表:

影像	语言
自然(Phusis)	文化(Nomos)
被动原则:子宫 接受性物质(凹面)	主动原则:精液 提供性外形(凸面)
身体	精神
女性(感性、宽容)	男性(严肃、严格)

(续表)

影像	语言
模仿(欺骗)	象征(确信)
愉悦原则(引诱)	现实原则(纠正)
感性价值：艺术、本能、直觉	理性价值：知识、冷静、推论
"热"的负价值：污染、不洁、疾病	"冷"的负价值：暴力、镇压、无情
拷贝(负责复制)	原件(负责生产)
媒介实体： ("从哪儿来")圣母，或导演	被媒介实体：("什么")圣言，或剧本
三维(大众、易懂)	二维(精英、艰涩)
空间("空间是一个女人")	时间 ("时间是一个男人"——W. 布莱克)
连续	不连续
多神论、罪孽	一神论、拯救

重申一下，这样幼稚的一张表并不能说明在影像与语言之间只能二选一，也不能说明我们必须让影像和语言如两个封闭的世界一样互相对抗。克里斯蒂安·麦兹曾正确指出："相似与代码之间的对立并不简单"。我们不可以贬低那些互相结合、复因决定（surdétermination）的交叉面，因为所有的一切促使我们相信：杂糅的东西最有趣（带文字说明的图片、有声电影，等等）。因此，我们完全不想用一场影像的领土收复运动来反击符号的帝国主义。我们不想把影像建设成一座堡垒，但是，就算要借助一长串固执的空想，我们也要重新考虑**图像相对于话语的本质**。众所周知，话语只在对比中才有存在的可能和意义（所以才有上面的粗略对比）。

★

在这种对历史的穿越中，我们的方法潜藏其间。为了概括这种方法，我不得不创造出一个矛盾形容语："宗教唯物主义"。这样的悖论起到保护的作用，不让我们因为技术而忽视本质：即"感知信仰"的各种变化。不久之前,梅洛-庞蒂有益地挖掘出了这种信仰,但他似乎认为(与我们恰恰相反),这种信仰独立于文化的生产模式和宗教变量。确实,我们不能让当今的技术狂热蒙住眼睛,不能无视图像悲剧里的幼稚场景,无视这一整片宗教感情的苗床。在我们那些骗人的把戏和燃放的烟花下,宗教感情沉睡着,保存着,被抑制,被集中。我们也不能无视情感和价值混合而成的沉积层:在这里,对死亡的驱逐——预防死亡,留住时间——始终赤裸裸地供人阅读。我们不可能忘记这些基础,更何况影像(特别是作为"符号之童年"的记号)如梦境一样,实现着为勒内·夏尔所钟爱的那种"向上游的回溯"。影像展示着它黑暗的一面,比如招魂术和打猎前的仪式,它让我们潜入深水,向着心理运行的"原始机制"(浓缩、移动-影像表现)游去。影像表现的事实与话语事实的不同之处也在于,前者迫使人们拿住锁链的两端:实验室与壁画洞穴,技术与森林。分形影像或虚拟影像是一种元影像(méta-image),奥弗涅圣母或拜占庭圣母则是一种原影像(proto-image)。媒介学的历史就在这个海峡的一边演化着,从一个时代过渡到另一个时代。在未来的数码影像和古老的基克拉泽斯群岛偶像之间进行选择是一种很危险的行为,因为古老之物并非落后之物,而是潜藏之物,在政治中如此,在想象中更是如此。

这就是为什么我们要首先审视赤裸的目光(我指的是不使用任何工具的目光)。不用显微镜,不用望远镜或电脑,我们要审视远古的目光,更确切地说是原始的目光:那种在幽灵面前的悚惧。幽灵是一种替身,是"难以捉摸"但能被人认出的"物体",它被死去的人附了身。要是有一种实用目光学能忘记这种持久的原始神圣性,那它将具有十分的思辨性:灵魂是一种力量,所以影像也是一种力量,两者几乎是一回事。人们先是给死去和不在的人绘像,为的是把他们给**固定住**,不然的话,他们的魄(anima)就会四处飘荡,骚扰人心,动摇人心。要不是影像已被纠缠和酝酿了许久,我们也不至于受到它如此的纠缠。影像既神奇又不吉利,既吸引人又令人生畏,既使人着迷又令人恐惧。这是因为,影像并不是一个普通的复制品或伪装，而是一个替代品：它具有神奇的双重性。人物照片在1860年左右出现，那时的人说它们既诱人又骇人（"他们以为照片上的人能看见我们"）。就是这些照片使得影像的双重性得以复活。死者继续活在他们的影像里，影像就是他们的替身——它可以是三维的雕像（墓碑或打入地里的符号），也可以是梦中所见到的景象：帕特罗克洛斯出现在阿喀琉斯的梦里，他是一具无生命躯体的活替身。偶像得先出现，然后才能成为表象，成为人们手中挥舞的一面反对死亡的旗帜：它是我们这些生者可以掌握的招魂力量。这种有利的替代品使得生者在死者中间穿行，它打破两者间的界限，并非为了让前者沉浸于哀伤，而是为了让后者重新获得生命。这就是为什么，在传统社会（比如海地），墓葬艺术生机勃勃，欣欣向荣，充满欢乐。很早以前，影像就已经把无形世界中的某种东西引入了有形世界。我们看到，基督时代开始之初，对死者的崇拜就已通过圣物而与影像崇拜建立起了直接关系。真正的实物十字架（实地的标志性圣物）也与十字架影像（类似的、可携的、普遍的物体）之间建立起了直接关系。带有圣骨盒的圣母雕像或圣人雕像之所以能成为人们崇拜的对象，是因为它里面装有身体的残渣，残渣的光芒穿透了盒子。已故之体的神圣性转移到了它被还原、被保留下来的影像上。直至今日，我们还不自觉地把一些化学或电子影像视为圣物，而我们的无神主义者形象也许只不过是某件圣物最后的残余。

在视频圈，工商业的大量繁衍使影像失去了神圣的性质（类似于印刷业使文本失去神圣），毫无疑问地贬低了影像的信仰机制。但是，几千年以来，那些与奇术、预防疾病、拜神、巫术等有关的活动怎么可能不在现代目光的无意识中留下一些痕迹？那种看到神与人在同一种宇宙活力中旋转的幻觉已不再为我们所有，但我们不能因此就认为它已经过时。死者的回归还远远没有消失。参见都灵耶稣裹尸布：哪怕人们在1988年用碳14法对之进行了检测，哪怕都灵大主教承认了该检测的结果，裹尸布对现代人（包括科学家）的想象仍具有令人着迷的威力。

也可参见巴特在他最后一部作品①中对照片的重新审视,他把照片看作葬礼的辐射,看作幻象(spectrum)和刺点(punctum),看作地府和刺伤。用影像来复活哀伤,把想象当作复活,这是一项永无止境的工作。我们要提醒大家的是,从巫术到科学的道路并非单行道。不管本雅明怎么说,照片并没有杀死光环,反而也许重新点亮了光环。对此,X光的发现者伦琴可以作证。他把这肉眼看不见的光线比作一种神秘的"宇宙振动"(1895),通灵就是这种振动的食粮。都灵裹尸布的底片(塞贡多·皮亚摄于1898年)也可作证,它把裹尸布变成了最好不过的神物。克洛岱尔②说:"这是一份复写,一个可为自己作证的影像。不仅是影像,更是一种存在!"(《耶稣照片》,1936)。裹尸布是第一张照片(是公元后的第一张,之前有过别的)。照片是穷人的裹尸布。也可以参见世俗化了的"圣维罗妮卡",她经过"复制",变得数不胜数,平凡无奇:作为"真正的偶像","胜利女神"端坐在我们的餐具柜上、壁炉上,和祖父的照片归为一类。随便哪一张发黄的"非手工"照片都能让原初的白布在家里飘荡,它就是维罗妮卡在骷髅地为耶稣擦汗时用的曼德兰③(mandylion)。耶稣的面孔印在了上面,登记下来,未经复制。它不是作为相似物而存在,而是实实在在地存在,有血有肉。主已经死了,可他永远存在。现在,我们随便看一看哪张印刷品:它不再是一块亚麻布,而是一小张纸。但是,它承载着一具身体的**印记**,作为精神复制品,以物质的形式保存在我们中间,同时作为物质复制品,以精神的形式存在于我们中间。介于外质和散发物之间的记号性影像唤醒崇拜的眼光,而作为精神图解(psychographie)的照片则以自己的方式,找回灌醉独眼巨人的尤利西斯。

---

① 指《明室》,出版于1980年。
② 保罗·克洛岱尔(Paul Claudel,1868—1955),法国诗人、剧作家,代表作有《认识东方》《正午的分界》等。
③ 在东正教的典籍中指的是一块印有基督圣容的方形布。

★

在人类的历史上,很长时间以来,"为何有影像而非一无所有"这个问题接受这样一个合理的答案:"因为人是唯一知道自己会死的动物。"这是人类学家为了一笔带过而做出的回答,或者是影评人在谈及"木乃伊情结"时做出的回答(影像是一种备用的木乃伊,它之所以被发明出来是为了"对时间进行防腐化处理",也为了"用表象来拯救生灵"。"路易十四不让别人对自己进行防腐处理:他满足于勒布朗①给他描下的肖像"),正如安德烈·巴赞在《摄影影像的本体论》(*Ontologie de l'image photographique*)一书中所说的那样。这种笼统的、统一的回答,我们可以在某些文本和尚可查阅的记载上找到。但是,对于"为何西方国家里的影像在公元 325 年康士坦丁皈依之后才出现?"这样一个问题,我们只可能做出宗教学上的回答。这个回答一点也不简单,因为从本质上来说,以圣经为基础的一神论,即便它并不破坏圣像,至少也极端"反对圣像"。上帝之子通过降生而变得有形,这有形被奉为教条,让人们可以凭借感性进入灵性,哪怕这一过程并非一帆风顺(从拜占庭帝国的皇帝到日内瓦的加尔文派教徒,从伏多瓦派教徒到胡斯党信徒,破坏圣像的人比比皆是,斗争十分激烈)。通过上帝形象的影像化来理解《圣经》,这是通过耶稣来接近上帝的必然结果。这无论如何都是一个令人惊愕的回答,因为它似乎并没有彻底与往日的泛灵论和多神论一刀两断。"偶像"不就是作为桥梁的影像,是某种自然与某种超自然之间的过渡地带吗? 神学家们用了好几个世纪才消除了这种模棱两可的境地。不管怎样,基督教的真谛、基督教的"本性"(ingenium)以某一文明之基因密码的地位而发生作用,这就是为什么我们大胆提出:好莱坞诞生于拜占庭(或者不如说诞生于 787 年的尼开亚②)。理性是"古希腊奇迹"? 那么我们可以说,影像是天主教奇迹。在耶稣降生时,也

---

① 夏尔·勒布朗(Charles Lebrun,1619—1690),法国画家、设计师,是路易十四的首席画家。

② 如今土耳其的伊兹尼克(Iznik)。

就是形象表现出现之时,西方社会被设定了程序。

此后,形象出现了奇特的蓬勃发展,这种发展独一无二,因为在信奉天主教的东方,圣像仍然是一成不变的(从形状上来看,15世纪的上帝之母[theotokos]与其在10世纪时的对应者并无不同)。正如勒高夫、施密特和其他学者所指出的那样,宗教的形象表现使中世纪的西方为天上的统治者(耶稣、圣母)注入了人性,为地上的统治者(画成像的国王)注入了神性,甚至为一种明显不属于宗教的力量及其衍生物解放了一个独立的空间,这种力量叫作"世俗艺术"。尽管如此,从质量上来说,中世纪与非宗教艺术之间并非泾渭分明,我们认为,"偶像"的概念(不是那种会引起论战的含义)可以把公元前和公元后两个斜面连接起来。确实,"偶像"的出现需要满足三个条件:1)以绘画或雕刻形式出现的可视形象的过渡价值,它是向未见之物的简单过渡,让无形变得有形;2)与某些积极的、集体的参与仪式连接在一起的目光,这种目光存在于祭祀空间或礼拜仪式行进路线的内部,它既不具有沉思的性质,也不属于任何个人;3)不属于某类独树一帜的、受到特别看重的个体创作者的作品(大教堂的装饰是由"工匠"完成的,而非洲的神像雕刻者可以身兼篾匠、牧师或医生等职)。

这种集体目光的主观性是自然的科学客观性带来的必然结果,使得"艺术"和"艺术家"得以在印刷术时代的欧洲出现。它通过逐渐脱离教会控制以及世界神学秩序(上帝是唯一的造物主)而产生。这是**从偶像到作品**的过渡——14世纪意大利文学艺术的产生,以及此后别处文学艺术的产生——从崇拜对象到欣赏对象的过渡,从工匠到艺术家的过渡,从存在到表现的过渡,从超自然到自然的过渡。这是从人的影像到物的影像的过渡。这是风景画、自画像、艺术史和艺术家传奇的诞生:关于这些阶段我们不再絮言。

总之,文艺复兴等于更多的影像,同时又是更弱的影像,它们的媒介力量减弱了。影像功能的历史更替——帮助人们活下去,帮助人们得到快乐,帮助人们获得信息——表现出西方目光在能量生产或威信生产上的衰退。偶像是俯瞰人的影像,显示器是人自己建造、表现其他影像的影像。从偶像到显示器,从神学到审美再到电子科技,影像似乎在损失自己的库存现金,传输的能量也越来越少。这条关于能见度的轨迹明显下弯,向我提出这样一个问题:研究西方目光的人类学是否如列维-斯特劳斯所言,属于一种普及了的"熵类学"(entropologie①)呢?说得更简单一些,我是否陷入了一种守旧的看待事物的方式、一种保守的审美观,并第 N 次证明了我这种不自觉的退步?至少,人们会同意我以下的话:通过媒介来表现超自然(偶像)、自然(艺术)或自身(广告语)的行为反映了符号在一定程度上的衰弱。在思考中我问自己,要是过于在乎某种死亡美学(耶稣裹尸布之谜或者照片幽灵之谜),那么,在自动化影像这种非人工操作、可复制的片段中,人们会不会最终只看到美的死亡。这是不公平的,或者说是保守的(美学是复数的)。说得更直白一些,我问自己是否无意中扮演了这样一个角色:弗朗索瓦·盖里所说的那种批判工业价值的反动分子。说到底,我没有这样做。即便魔术目光标志着视觉效果的极限,大家也根本不会认为其中有着某种自然形态,某种可以被擢升为标准或原型的自然形态。我们一开始就身处假象之中,即便是在面对中世纪的雕刻作品时也不例外。因此,不存在从自然到人工、从真实到虚假的退步,更不存在从高雅到庸俗的退步。实际上,通过载体的去物质化和网络的去领土化,影像反而经历了一种上升的运动,由重过渡到轻,由某一地区的自娱自乐过渡到一定程度上的天下大同。所以,关于"可重复性"——本雅明所说的"技术可复制性"——我希望自己没有陷入某种过于消极的概念,把复件和原件对立起来,或者把机械与活人对立起来。但是,既然我对自己做出过保证,要对工具与信仰一碗水端平,那我就恬不知耻地承认:我同样没有陷入"乐观实证主义"(阿兰·格拉斯)的陷阱。"乐观实证主义"想从影

---

① 法国人类学家列维-斯特劳斯创造的新词,由 entropie(熵)与 anthropologie(人类学)两个术语聚合而成。

像的每一次技术飞跃中看出某种一干二净、毫不含糊的进步。比如,电脑绘图和网络空间在我看来就不值得大家心醉神迷,一致叫好。

追忆"影像的去神圣化"绝不是为了哀悼古老的信仰,更不是为了想要回到某种逝去的本源(即便影像不停地把本源这个问题摆上桌面),而是为了介绍一种对感知信仰的重塑和转移,与此同时,不去相信如今所有那些以为自己什么也不相信的人。相反,"显示器"时代(当世界的再现不再由对这个世界的亲身体验所承载)见证了偶像崇拜的复兴。但是,我斗胆说一句,这种偶像崇拜已经堕落,贬值,它容易动摇,而且令人相当悲伤的是,它也容易变质(一个偶像赶走另一个偶像,正如一个节目赶走另一个节目)。视听技术以自己的方式重新激活远古的信仰需求,同时不停地辜负这种需求。有朝一日,这种诱惑别人却又不满足别人的方式,或者说,这种让人显得可靠却又不让人真正相信的方式,也许会成为湮没在许多时代中的一个时代,它并不是最不真实的那一个时代,也不是最能从视觉轻信中解脱的那一个。

以上就是我们这个关于眼睛的小故事所想要暗示的一切,它的目的是,在目光这个范围之内,为将来可能出现的"西方信仰的历史人类学"做一点贡献。

附　　录

媒介学图表

摘自《普通媒介学教程》

	文字(话语圈)	印刷术(图文圈)	音像(视频圈)
战略领域 (力量的投射)	陆地	海洋	太空
集团理想 (及政治衍生)	一 (邦、帝国、王国) 专制政体	全体 (民族、人民、国家) 民族主义和集权制	每个人 (人群、社会、世界) 个人主义、规范的缺失
时间图形 (及矢量)	圆 (永恒、重复) 以远古为中心	直线 (历史、进步) 以未来为中心	点 (时事、事件) 以自我为中心:崇拜当下
典型年龄	老人	成年人	年轻人
吸引范式	神话 (奥秘、教条、史诗)	逻各斯 (乌托邦、体系、计划)	图像 (情感与幻想)
象征手段	宗教(神学)	体系(意识形态)	模范(偶像)
思想阶级 (社会权威的 持有者)	教会 (预言家与教士) 至圣:教义	知识分子　世俗 (教授、博士) 至圣:知识	媒体 (传播者和生产者) 至圣:信息
合法参照	神圣 (因为神圣,所以 必须如此)	理想 (因为真实,所以 必须如此)	性能 (因为好用, 所以必须如此)

(续表)

	文字(话语圈)	印刷术(图文圈)	音像(视频圈)
信奉动力	信仰(宗教狂热)	法律(教条主义)	舆论(相对主义)
施加影响的一般途径	传道	出版	露面
思想控制	教士,直接控制 (针对发送者)	政治,间接控制 (针对发送工具)	经济,间接控制 (针对讯息)
个人的地位	臣民(待统治)	公民(待说服)	消费者(待诱惑)
关于认同的神话	圣人	英雄	明星
个人权威的表达	上帝告诉我 (如福音书中的语句一般真实)	我在书中读到过 (白纸黑字)	我在电视上见过 (有如亲眼目睹)
象征权威的制度	无形(本初) 或不可考	可读(基础) 或真实逻辑	有形(大记事) 或似乎真实的事
领导社会的单位	象征性的"一": 国王(朝代原则)	理论上的"一": 领袖(意识形态原则)	算数上的"一": 精英(统计学原则,调查,评价,受众)
主观重心	灵魂 (男子的女性意象 [Anima])	意识 (女子的男性意象 [Animus])	身体 (感觉中枢 [Sensorium])

摘自《影像的生与死》

	话语圈 (文字产生之后) 偶像制度	图文圈 (印刷术产生之后) 艺术制度	视频圈 (视听技术产生之后) 视觉制度
影像学具有:			
有效原则 (或与人相关)	(超验的)存在 影像看得见我们	(虚幻的)再现 影像被我们看见	(数字)模拟 影像被审查
存在模态	有生命 影像是一个生命	有形 影像是一个物体	虚拟 影像是一种感知

(续表)

	话语圈 (文字产生之后) 偶像制度	图文圈 (印刷术产生之后) 艺术制度	视频圈 (视听技术产生之后) 视觉制度
影像学具有：			
关键参照 (权威来源)	超自然(上帝)	真实(自然)	功能(机器)
光明来源	精神(内部)	太阳(外部)	电子(内部)
目的和期待	保护(及拯救) 影像捕获人	愉快(及幻觉) 影像吸引人	信息(及游戏) 影像被接收
历史背景	从巫术到宗教 (环状时间)	从宗教到历史 (线性时间)	从历史到科技 (点状时间)
道义	外部 (政治神学统治)	内部 (自治)	周遭 (经济技术管理)
工作的理想 与标准	我赞美(一种力量) 依照《圣经》(经典)	我创造(一件作品) 依照古代(模范)	我生产(一个事件) 依照我(风尚)
时间视野 (及载体)	永恒(重复) 坚硬(石与木)	不朽(传统) 软(布)	时事(创新) 非物质(屏幕)
分配模式	集体＝匿名 (从巫师到工匠)	个人＝签名 (从艺术家到天才)	引人注目＝盖章、 徽号、商标 (从企业家到企业)
有组织地 生产：	全体神职人员→ 公会	学院→学校	网络→职业
崇拜对象	圣人 (我保佑你)	美 (我让您喜欢)	新 (我让您吃惊)
统治机构	1) 胞族＝皇帝 2) 教会＝修道院 和大教堂 3) 领土＝皇宫	1) 君主制＝学院 1500—1750 2) 资产阶级＝沙 龙＋评论＋展览厅 →1968	媒体/博物馆/市场 (造型艺术) 广告 (视听)
起始大陆以及 关键城市	亚洲—拜占庭 (介于远古与天主教 时代之间)	欧洲—佛罗伦萨 (介于天主教时代 与现代之间)	美国—纽约 (介于现代与后 现代之间)
积累模式	大众：财富	个人：收藏	私人/大众：复制

(续表)

影像学具有：	话语圈 （文字产生之后） 偶像制度	图文圈 （印刷术产生之后） 艺术制度	视频圈 （视听技术产生之后） 视觉制度
光环	恩赐（魄）	感人（魂）	好玩（生动）
病理趋势	妄想症	强迫症	精神分裂症
目光的瞄准处	穿透影像 视力过渡	不止是影像 视觉凝视	只有影像 技术审查进行控制
相互间关系	（宗教）排斥	（个人）敌对	（经济）竞争

摘自《诱惑之国》

	话语圈	图文圈		视频圈
典型理想	封建君主制 （前文艺复兴时期）	绝对君主制 1650—1789	共和国 1900	民主制 2000
象征性的"一"以何种面貌发生作用	巫师国王 （奇迹时代）	机器国王 （奇观时代）	机械"国王" （发动机时代）	工艺"国王" （装配时代）
被统治者的地位	信徒 （超政治） 议会：教会	臣民 （外围政治） 议会：王国	公民（政治） 议会：国家	电视观众 （亚政治） 议会：市场
国家影像学的本质	纹章（武器、标志、铭言）饰有百合花图案的盾形纹章	肖像 （画像长廊） 国王的肖像画	寓意画 （思想的拟人化） 玛丽安娜①	特征 （象征符号、胸卡、口号） 显示器

---

① 玛丽安娜（Marianne），法兰西共和国的国家象征。

(续表)

	话语圈	图文圈		视频圈
首领的威望	神圣（与耶稣有着直接关系：国王是神圣的）	威严（间接关系，国王是神圣的媒介）	光荣（与理性和进步有着间接关系）	光环（与人民有着直接关系）
产生兴奋的理想地点	祭坛（教堂）	舞台（剧院）	讲台（学校）	屏幕（电视）
表演的仪式	礼拜仪式（为了下跪）	礼仪（为了使人发出赞叹）	演讲（为了说服别人）	节目（为了吸引）
庆典的性质	宗教性质（瞻礼队伍、赞美歌）	贵族或神话性质（宫廷聚会：歌剧、舞会、演奏会）	乌托邦或纪念性质（理性日、国庆节）	传媒或消遣性质（音乐节）
至高无上的表示	我传达（这是上帝的旨意）	我指明（这是我喜欢做的事）	我解释（这就是真理）	我告知（这就是事实）
象征性的赠予	您有权触摸（淋巴结核①）	您有权观看（宫廷）	您有权学习（学习）	您有权回答（问卷调查）
通过影像而变容	宗教（这是圣人！）	英雄（这是太阳神！）	教学法（这是老师！）	广告（这是明星！）
奴役工具	凭借虔信	凭借赞叹	凭借思想灌输	凭借操纵
符号的物理运输	小道/人 速度：马	大路/人 速度：马、船	铁路/电线 速度：蒸汽、电	电子/卫星 速度：光
巅峰无人不知的死亡将走向何处？	走向教堂 末世学公墓	走向宫殿 君主制公墓	走向博物馆、市政府或广场 国民公墓	走向屏幕 视听公墓
光荣的死亡姿势	横躺（悼经）	骑着马的雕像（悼词）	站着的雕像（书面颂词）	张贴（讣告）
表演的用途	崇拜	迷惑	出名	消遣
畅销书名	权力与偶像	权力与上帝	权力与理想	权力与生活

---

① 中世纪流行于英国和法国的一种信仰：国王在加冕之日触摸淋巴结核病人可使病人痊愈。

(续表)

	话语圈	图文圈		视频圈
关于占统治地位的"我"的神秘主义	耶稣就是我 象征:凤凰 (13世纪)	国家就是我 象征:太阳 (17世纪)	民族就是我 象征:公鸡 (19世纪)	我就是大多数 象征:无
舆论	无	民众的言论 (谣言、呐喊、传闻、悄声议论)	个人意见的发表 (报纸、书籍、小册子)	对专题调查的回答 (问卷调查)
主体	—	贱民 (被蔑视的意见)	公众或受过教育的人 (被畏惧的意见)	个人 (被估量的意见)
表现了:	—	个人的不理智	普遍的理性	个人的自由
监管机构	—	教会/学院	学校/机构	传播/企业

言语的权力机构与力量	文字的权力机构与力量
口头传统	书面传统
与威信直接关联 (相信的范畴)	与真理直接关联 (知识的范畴)
事实陈述 情感价值	法律陈述 思想价值
身临其境时的思想 (声音使人依恋)	脱离了背景的思想 (书面语使人疏远)
过多存在的"当下"	过多存在的"过去"和"未来"
夸张和众人参与性质的传播 (背景的力量)	分析和积累性质的传播 ("共同文本"的力量)
附加逻辑 (并置)	从属逻辑 (连接)
聚合式概括 (累赘)	辨别式分析 (距离)
听觉的暗示力量 (融入社会)	眼睛的分离力量 (批评间离)

(续表)

言语的权力机构与力量	文字的权力机构与力量
墨守成规的好处 （难以实时地批评公众）	武断的好处 （容易隔空讽刺某一人群）
默契和急躁的价值 （交际性质）	耐心和连贯的价值 （观点）
社会关系的个人化	适应非个人生活
论战习惯 针对人 （但思想开明）	逻辑习惯 针对所有人 （但思想狭隘）
知识在行动： 实践至上	知识有储备： 作品至上
没有作品的作者的威信 "听听不同的事情"	没有作者的作品的威信 "看看不同的事情"

词　　汇

　　我们一方面得警惕形式主义的那些伪装：要造出一个有用的概念，单单造出一个新词是不够的。另一方面，我们要强迫自己尽可能地精确：没有词语的定义，就无法辩驳，甚至无法讨论。现如今有许多关于"传播"的辩论，它们表现出的语义混乱让人以为：当一种基础词汇被包裹在一团美丽的修辞云雾中时，词汇总是没有云雾那么重要。尽管如此，社会科学还是要求自己必须具有"精确"这种基本的礼貌。

　　短路：新介质的出现导致某类媒介"地位下降"的现象。该类媒介产生于先前某种效率较低的介质。

　　文化的(危机)[*Culturelle (crise)*]：两种或多种相互竞争的存储技术之间所产生的初次重叠效应。

　　棘轮效应(本书中多次出现)：技术进步的不可逆。有了火枪就不会再回过头去使用弩，有了铁路就不会再用驿车。

　　驿车效应[*Effet-diligence*]（雅克·佩里奥）：新事物从模仿旧事物起步。最初的火车车厢在外形上与驿车如出一辙。最早印刷出来的书籍具有手抄本的形状，最初的照片具有油画的形状，最初的电影像戏剧，最初的电视像一台能播放画面的收音机，等等。

　　跑步效应[*Effet-jogging*]：在新事物面前旧事物发生更新的现象。跑步效应是棘轮效应的补充和缓和（开车的人走路走得少了，跑步却跑得多了。)

图文圈:由印刷技术开启的时期,知识和神话的传输主要借助于书籍。

高级知识分子界,低级知识分子界(HI/BI):符号生产者内部的等级划分,根据他们是否拥有主要传输工具而决定。

意识形态史:技术史(集中技术和传输技术)的补充。

话语圈:由书写技术开启的时期,神圣的珍稀文本主要通过口头来传输。

魔鬼媒体(器官)(*Médiabolique* [*organe*]):某一媒体界中的神奇工具,它是时空的组织者,是矛盾的集中地。例如:人的声音、书籍、电视、电脑。

媒体界:大型传输(与运输)系统。根据不同的历史时期,我们主要区分出三种媒体界(话语圈、图文圈、视频圈)。

媒体主题(*Médiathème*):社会神话的基本单位,由某种传输技术将这些神话激活并使之合法化("上帝"是话语圈的主题,"人类"是图文圈的主题,"人文"是视频圈的主题)。

媒介统治(*Médiocratie*):拥有大规模舆论生产工具的精英阶层,广义上也指被传播中介所统治的社会形态(见《法国的知识力量》,1979)。

媒介节奏:在媒体界中,传播某符号库所需的平均时限(文字界用世纪和每十年来计算,图文圈用年来计算,视频圈以日来计算)。

媒介空间:某一面积与某种速度之间的关系,是媒体界中的领土变量("一个六边形,每个角的角度都是一点半")。

介质:存储的载体-方法系统,与某传播网络相连。

元文本:周边迹象所组成的一个整体,与某文本的合理使用有关。

原始记忆圈:字母表发明之前**完全**建立在口语基础上的传输界,父亲口授给儿子,师傅口授给弟子,等等。

怀旧(*Nostalgie*):媒介学意识的最初行为。发现新秩序与规范之间的差异,从而把新秩序看作不规范。从更深的角度而言,念旧是对系统之熵的直觉。

文化遗产:在特定范围之内(地区、省、国家、人类)对可理解痕迹的储存。

思想(学说、宗教、学科):某传输链条的组织过程。物流的分支(食、行、住)。

性能指数:某一媒体界中为某种陈述机制所特有的可传输性(例如,批评理性主义的社会指数在话语圈较弱,在图文圈较强,在视频圈几乎消失)。

景观(*Spectacle*):建立在时空双重分离基础上的表演机制:观众与舞台相分离,演员与情节相分离——总之是建立在表演者/被表演之物的"语义断口"之上。例如,剧院和电影院属于景观,电视直播则不属于景观。

"景观社会"(*Société du spectacle*)(居伊·德波①):工艺学旧词。视频圈有将它消灭的趋势,令人心生怀念。

载体:记录痕迹的表面。

痕迹:任一种记录的沉淀。存档工作的最低目标。

视频圈:由视听技术开启的时期,数据、模型和叙述主要通过屏幕来传输。

---

① 居伊·德波(Guy Debord,1931—1994),法国作家、思想家,著有《景观社会》一书。

《当代学术棱镜译丛》
已出书目

媒介文化系列

第二媒介时代 [美]马克·波斯特

电视与社会 [英]尼古拉斯·阿伯克龙比

思想无羁 [美]保罗·莱文森

媒介建构：流行文化中的大众媒介 [美]格罗斯伯格 等

揣测与媒介：媒介现象学 [德]鲍里斯·格罗伊斯

媒介学宣言 [法]雷吉斯·德布雷

全球文化系列

认同的空间——全球媒介、电子世界景观与文化边界 [英]戴维·莫利

全球化的文化 [美]弗雷德里克·杰姆逊 三好将夫

全球化与文化 [英]约翰·汤姆林森

后现代转向 [美]斯蒂芬·贝斯特 道格拉斯·科尔纳

文化地理学 [英]迈克·克朗

文化的观念 [英]特瑞·伊格尔顿

主体的退隐 [德]彼得·毕尔格

反"日语论" [日]莲实重彦

酷的征服——商业文化、反主流文化与嬉皮消费主义的兴起 [美]托马斯·弗兰克

超越文化转向 [美]理查德·比尔纳其 等

全球现代性：全球资本主义时代的现代性 [美]阿里夫·德里克

通俗文化系列

解读大众文化 [美]约翰·菲斯克
文化理论与通俗文化导论(第二版) [英]约翰·斯道雷
通俗文化、媒介和日常生活中的叙事 [美]阿瑟·阿萨·伯格
文化民粹主义 [英]吉姆·麦克盖根

消费文化系列

消费社会 [法]让·鲍德里亚
消费文化——20世纪后期英国男性气质和社会空间 [英]弗兰克·莫特
消费文化 [英]西莉娅·卢瑞

大师精粹系列

麦克卢汉精粹 [加]埃里克·麦克卢汉 弗兰克·秦格龙
卡尔·曼海姆精粹 [德]卡尔·曼海姆
沃勒斯坦精粹 [美]伊曼纽尔·沃勒斯坦
哈贝马斯精粹 [德]尤尔根·哈贝马斯
赫斯精粹 [德]莫泽斯·赫斯

社会学系列

孤独的人群 [美]大卫·理斯曼
世界风险社会 [德]乌尔里希·贝克
权力精英 [美]查尔斯·赖特·米尔斯
科学的社会用途——写给科学场的临床社会学 [法]皮埃尔·布尔迪厄
文化社会学——浮现中的理论视野 [美]戴安娜·克兰
白领:美国的中产阶级 [美]C.莱特·米尔斯

论文明、权力与知识 [德]诺贝特·埃利亚斯

解析社会：分析社会学原理 [瑞典]彼得·赫斯特洛姆

局外人：越轨的社会学研究 [美]霍华德·S.贝克尔

新学科系列

后殖民理论——语境 实践 政治 [英]巴特·穆尔-吉尔伯特

趣味社会学 [芬]尤卡·格罗瑙

跨越边界——知识学科 学科互涉 [美]朱丽·汤普森·克莱恩

人文地理学导论：21世纪的议题 [英]彼得·丹尼尔斯 等

世纪学术论争系列

"索卡尔事件"与科学大战 [美]艾伦·索卡尔 [法]雅克·德里达 等

沙滩上的房子 [美]诺里塔·克瑞杰

被困的普罗米修斯 [美]诺曼·列维特

科学知识：一种社会学的分析 [英]巴里·巴恩斯 大卫·布鲁尔 约翰·亨利

实践的冲撞——时间、力量与科学 [美]安德鲁·皮克林

爱因斯坦、历史与其他激情——20世纪末对科学的反叛 [美]杰拉尔德·霍尔顿

广松哲学系列

物象化论的构图 [日]广松涉

事的世界观的前哨 [日]广松涉

文献学语境中的《德意志意识形态》 [日]广松涉

存在与意义（第一卷）[日]广松涉

存在与意义（第二卷）[日]广松涉

唯物史观的原像 [日]广松涉

哲学家广松涉的自白式回忆录 [日]广松涉
资本论的哲学 [日]广松涉

国外马克思主义与后马克思思潮系列

图绘意识形态 [斯洛文尼亚]斯拉沃热·齐泽克 等
自然的理由——生态学马克思主义研究 [美]詹姆斯·奥康纳
景观社会 [法]居伊·德波
希望的空间 [美]大卫·哈维
甜蜜的暴力——悲剧的观念 [英]特里·伊格尔顿
晚期马克思主义 [美]弗雷德里克·杰姆逊
符号政治经济学批判 [法]让·鲍德里亚
世纪 [法]阿兰·巴迪欧
列宁、黑格尔和西方马克思主义:一种批判性研究 [美]凯文·安德森
列宁主义 [英]尼尔·哈丁
福柯、马克思主义与历史:生产方式与信息方式 [美]马克·波斯特
战后法国的存在主义马克思主义:从萨特到阿尔都塞 [美]马克·波斯特

经典补遗系列

卢卡奇早期文选 [匈]格奥尔格·卢卡奇
胡塞尔《几何学的起源》引论 [法]雅克·德里达
科学、信仰与社会 [英]迈克尔·波兰尼
黑格尔的幽灵——政治哲学论文集[Ⅰ] [法]路易·阿尔都塞
语言与生命 [法]沙尔·巴依
意识的奥秘 [美]约翰·塞尔
论现象学流派 [法]保罗·利科
脑力劳动与体力劳动:西方历史的认识论 [德]阿尔弗雷德·索恩-雷特尔

先锋派系列

先锋派散论——现代主义、表现主义和后现代性问题 [英]理查德·墨菲

诗歌的先锋派:博尔赫斯、奥登和布列东团体 [美]贝雷泰·E. 斯特朗

情境主义国际系列

日常生活实践 1. 实践的艺术 [法]米歇尔·德·塞托

日常生活实践 2. 居住与烹饪

[法]米歇尔·德·塞托　吕斯·贾尔　皮埃尔·梅约尔

日常生活的革命 [法]鲁尔·瓦纳格姆

居伊·德波——诗歌革命 [法]樊尚·考夫曼

当代文学理论系列

怎样做理论 [德]沃尔夫冈·伊瑟尔

21 世纪批评述介 [英]朱利安·沃尔弗雷斯

后现代主义诗学:历史·理论·小说 [加]琳达·哈琴

大分野之后:现代主义、大众文化、后现代主义 [美]安德列亚斯·胡伊森

理论的幽灵——文学与常识 [法]安托万·孔帕尼翁

反抗的文化:拒绝表征 [美]贝尔·胡克斯

戏仿:古代、现代与后现代 [英]玛格丽特·A. 罗斯

理论入门 [英]彼得·巴里

现代主义 [英]蒂姆·阿姆斯特朗

叙事的本质 [美]罗伯特·斯科尔斯　詹姆斯·费伦　罗伯特·凯洛格

文学制度 [美]杰弗里·J. 威廉斯

核心概念系列

文化 [英]弗雷德·英格利斯

风险 [澳大利亚]狄波拉·勒普顿

学术研究指南系列

美学指南 [美]彼得·基维

文化研究指南 [美]托比·米勒

文化社会学指南 [美]马克·D.雅各布斯 南希·韦斯·汉拉恩

《德意志意识形态》与文献学系列

梁赞诺夫版《德意志意识形态·费尔巴哈》
[苏]大卫·鲍里索维奇·梁赞诺夫

《德意志意识形态》与 MEGA 文献研究 [韩]郑文吉

巴加图利亚版《德意志意识形态·费尔巴哈》[俄]巴加图利亚

MEGA：陶伯特版《德意志意识形态·费尔巴哈》[德]英格·陶伯特

当代美学理论系列

今日艺术理论 [美]诺埃尔·卡罗尔

艺术与社会理论——美学中的社会学论争 [英]奥斯汀·哈灵顿

艺术哲学：当代分析美学导论 [美]诺埃尔·卡罗尔

现代日本学术系列

带你踏上知识之旅 [日]中村雄二郎 山口昌男

反·哲学入门 [日]高桥哲哉

作为事件的阅读 [日]小森阳一

现代思想史系列

现代化的先驱——20 世纪思潮里的群英谱 [美]威廉·R.埃弗德尔

现代哲学简史 [英]罗杰·斯克拉顿

美国人对哲学的逃避——实用主义的谱系 [美]康乃尔·韦斯特

视觉文化与艺术史系列

可见的签名 [美]弗雷德里克·詹姆逊

当代逻辑理论与应用研究系列

重塑实在论:关于因果、目的和心智的精密理论 [美]罗伯特·C.孔斯
情境与态度 [美]乔恩·巴威斯 约翰·佩里
逻辑与社会:矛盾与可能世界 [美]乔恩·埃尔斯特
指称与意向性 [挪威]奥拉夫·阿斯海姆

图书在版编目(CIP)数据

媒介学宣言 /（法）德布雷著；黄春柳译. —— 南京：南京大学出版社，2016.3
（当代学术棱镜译丛 / 张一兵主编）
书名原文：Manifestes médiologiques
ISBN 978-7-305-14677-0

Ⅰ. ①媒… Ⅱ. ①德… ②黄… Ⅲ. ①传播媒介—研究 Ⅳ. ①G206.2

中国版本图书馆 CIP 数据核字（2015）第 017182 号

Manifestes médiologiques
By Régis Debray
Copyright © Editions GALLIMARD, Paris, 1994.
Simplified Chinese edition rights © 2016 Nanjing University Press Co., Ltd.
All rights reserved.

江苏省版权局著作权合同登记　图字：10-2012-016 号

出版发行	南京大学出版社
社　　址	南京市汉口路 22 号　　邮　编　210093
出 版 人	金鑫荣
丛 书 名	当代学术棱镜译丛
书　　名	媒介学宣言
著　　者	[法]雷吉斯·德布雷
译　　者	黄春柳
责任编辑	张倩倩　潘琳宁
照　　排	南京南琳图文制作有限公司
印　　刷	南京爱德印刷有限公司
开　　本	635×965　1/16　印张 11.5　字数 162 千
版　　次	2016 年 3 月第 1 版　2016 年 3 月第 1 次印刷
ISBN	978-7-305-14677-0
定　　价	30.00 元

网址：http://www.njupco.com
官方微博：http://weibo.com/njupco
官方微信号：njupress
销售咨询热线：(025) 83594756

* 版权所有，侵权必究
* 凡购买南大版图书，如有印装质量问题，请与所购图书销售部门联系调换